事業者必携　入門図解　改訂新版

職場のハラスメント
【セクハラ・パワハラ・マタハラ】の法律と対策

社会保険労務士
林　智之 [監修]

三修社

本書に関するお問い合わせについて

　本書の記述の正誤に関するお問い合わせにつきましては、お手数ですが、小社あてに郵便・ファックス・メールでお願いします。大変恐縮ですが、お電話でのお問い合わせはお受けしておりません。内容によっては、お問い合わせをお受けしてから回答をご送付するまでに1週間から2週間程度を要する場合があります。

　なお、本書でとりあげていない事項についてのご質問、個別の案件についてのご相談、監修者紹介の可否については回答をさせていただくことができません。あらかじめご了承ください。

はじめに

　本書のテーマは、「ハラスメント」です。ハラスメントとは、一般的に、人の尊厳を傷つけ、精神的・肉体的な苦痛を与える嫌がらせやいじめのことです。一言で「ハラスメント」といっても、さまざまなものがあります。パワーハラスメント、セクシュアル・ハラスメント、マタニティハラスメントは。一度は聞いたことがある言葉ですが、最近では、カスタマーハラスメントなどもよくとりあげられています。

　企業がハラスメントを放置していると、被害を受けている労働者のメンタルヘルスが悪化してしまい、業務に従事することが困難になり、長期間の休業や退職などの結果を招き、企業の貴重な人材が失われかねません。また、ハラスメントが発生している職場においては、職場の雰囲気の悪化や他の従業員のモチベーションの低下など、さまざまな悪影響が生じて労働効率の低下につながる可能性もあります。

　職場におけるハラスメントは、初動対応をまちがえると、損害賠償などの深刻なトラブルに発展することがありますので、企業の経営者、管理者、実務担当者は、日頃からハラスメントについての認識を高め、企業に課せられた防止義務や対処法、予防のための規程づくりなどの方法を十分に知っておく必要があります。

　本書は、主にハラスメント被害の相談を受ける部門の担当者や管理者の視点から、セクハラ・パワハラ・マタハラなどのハラスメントに関する法律問題について基本事項と対処法を解説しています。

　ハラスメントが発生した場合の初動対応から被害者対応、加害者への処分、「ハラスメント防止規程」などの防止対策、労災保険の給付請求や傷病手当金などの支給申請手続きまで丁寧に解説しています。

　男女雇用機会均等法、労働施策総合推進法（パワハラ防止法）など、近年の重要な法改正や指針の改定にも対応しています。

　本書をご活用いただき、皆様のお役に立てていただければ監修者として幸いです。

　　　　　　　　　　監修者　社会保険労務士　林　智之

Contents

はじめに

第1章　職場のハラスメントの現状

1 職場でのハラスメント行為について知っておこう　　　　10

　　相談　スモークハラスメントと受動喫煙の防止　　　　16

　　相談　カスタマーハラスメントにあたるかどうかの判断基準　　　17

2 メンタルヘルス疾患の症状と対策を知っておこう　　　　18

3 なぜ職場でメンタルヘルスが問題になるのか　　　　23

　　相談　社員が不調を訴えたらどうしたらよいのか　　　　28

4 セクハラやパワハラによる健康被害について知っておこう　　　30

5 ハラスメント防止義務について知っておこう　　　　33

6 男女雇用機会均等法について知っておこう　　　　38

Column　労働者のメンタルヘルスに関する個人情報の管理と規制　　44

第2章　セクハラ・マタハラの法律知識

1 職場におけるセクシュアルハラスメントとはどのような行為なのか　46

2 こんな行為がセクハラに該当する　　　　48

3 企業はセクハラ防止のためにどんな措置を講じる義務があるのか　55

　　相談　密室で起こったセクハラ行為はどうなるのか　　　　59

　　相談　セクハラ被害者への退職勧奨はどこまで許されるのか　　　60

4 セクハラについて加害者と会社はどのような責任を負うのか　63

　　相談　育児休業と不利益取扱い　　　　66

　　相談　派遣社員に対してもセクハラ対策の責任を負うのか　　　67

| 相談 | 男性へのセクハラ行為とはどんなものなのか | 68 |
| 相談 | LGBTに対するセクハラ | 70 |

5 セクハラ問題が発生したときの対処法を知っておこう　71

6 セクハラを防止するためにはどうしたらよいか　76

7 マタニティハラスメントについて知っておこう　80

8 マタハラに関して企業はどのような措置を講じる必要があるのか　83

第3章　パワハラの法律知識

1 職場におけるパワハラとパワハラ防止法について知っておこう　88

2 パワハラ指針が規定するパワハラの6類型について知っておこう　92

3 身体的な攻撃とはどのような行為をいうのか　94

4 精神的な攻撃とはどのような行為をいうのか　96

5 人間関係からの切り離しとはどのような行為をいうのか　98

6 過大な要求とはどのような行為をいうのか　100

7 過小な要求とはどのような行為をいうのか　102

8 個の侵害とはどのような行為をいうのか　104

9 パワハラが職場で起こったらどうする　106

10 パワハラの相談を受けたらどう対応する　111

11 パワハラ被害を防止するための対策について知っておこう　115

12 パワハラが起こりやすいのはどんな職場なのか　118

13 パワハラをしない職場環境づくりをする　　120

　　相談　部下に上司からパワハラを受けたと言われた　　125

Column　退職理由がパワハラを理由とする会社都合退職となる場合　126

第4章　職場で行う健康診断とメンタルヘルス対策

1　健康診断と診断結果について知っておこう　　128

2　ストレスチェックについて知っておこう　　131

　　書式　心理的な負担の程度を把握するための検査結果等報告書　　136

3　社員がうつ病になったらどうする　　137

4　メンタルヘルスへの取り組みはどのように行えばよいのか　　141

　　相談　メンタルヘルス対策と外部専門機関の活用　　146

5　管理監督者はここに気を配る　　147

Column　欠勤や遅刻、早退時の取扱い　　150

第5章　休職をめぐる法律知識

1　休職とはどのような制度なのかを知っておこう　　152

　　書式　私傷病休職取扱規程　　154

　　相談　休職中の賃金・税金など　　158

　　相談　私傷病休職の取得上の注意点　　159

　　相談　休職期間と有給休暇　　161

2　休職をめぐるさまざまな問題について知っておこう　　162

3　休職中の社員の管理はどうすればよいのか　　164

　　相談　休職や復職のための要件　　166

4 職場復帰支援の方法を知っておこう　　167

5 職場復帰についてこれだけはおさえておこう　　169

6 復職後の業務遂行の仕方について知っておこう　　173

　相談 メンタルヘルス疾患の再発　　175

第6章　ハラスメント被害と社会保険・労働保険

1 メンタルヘルスと業務災害の関係について知っておこう　　178

2 労災保険の請求手続きについて知っておこう　　182

3 健康保険について知っておこう　　185

4 パワハラやセクハラが原因で治療を受けたときの届出　　188

　書式 療養補償給付及び複数事業労働者療養給付たる療養の給付請求書　190

　書式 療養補償給付及び複数事業労働者療養給付たる療養の費用請求書　191

　書式 障害補償給付　複数事業労働者障害給付　　193

5 業務上のパワハラやセクハラが原因で休業したときの届出　　195

　書式 休業補償給付支給請求書　　198

6 業務以外で負傷・病気をしたときに手当金を受けるための届出　201

　書式 健康保険傷病手当金支給申請書　　204

　相談 休職期間中の社会保険　　208

第7章　トラブルになったときの手続きと対策

1 ハラスメントが発生した場合にとるべき対応とは　　210

　相談 事情聴取の際に当事者の供述内容が異なる場合　　217

2 被害者への対応について知っておこう　　218

3 ハラスメント防止対策をする 223

　　書式 ハラスメント防止規程 226

　　相談 専門家を活用する際の注意点 230

4 再発防止策と加害者に対する処分について知っておこう 232

　　相談 内部告発をした従業員に対してとるべき対応 235

5 会社と労働者とのトラブルはどのように解決するのか 237

6 労働者の会社に対する要求手段と会社側の対応 242

　　書式 パワハラ被害者が職場環境の改善と慰謝料を求めるあっせん申請書 245

　　書式 パワハラ被害者が職場環境改善と慰謝料を求める労働審判申立書 246

　　書式 職場環境改善と慰謝料を求める申立てに対する会社側の答弁書 250

　　書式 セクハラの訴えに反論する回答書 254

　　書式 パワハラの訴えに反論する回答書 255

第1章

職場のハラスメントの現状

職場でのハラスメント行為について知っておこう

職場でのハラスメントで最も多いのがパワハラである

● 職場におけるハラスメントにはどんなものがあるのか

　一般的に、人の尊厳を傷つけ、精神的・肉体的な苦痛を与える嫌がらせやいじめのことをハラスメントといいます。

　以下、職場におけるハラスメントについて、その主な種類や具体的な内容について説明します。

① セクシュアルハラスメント（セクハラ）

　職場におけるセクシュアル・ハラスメント（セクハラ）の定義については、男女雇用機会均等法が定めており、「職場において行われる、労働者の意に反する性的な言動により、その労働者が労働条件について不利益を受けたり、就業環境が害されること」をいいます。厚生労働省の指針では、職場におけるセクハラを「対価型セクシュアルハラスメント」と「環境型セクシュアルハラスメント」の2つの類型に分けています（46ページ）。

　かねてから職場でのセクハラが社会問題化していることから、男女雇用機会均等法は、事業主に対し、職場におけるセクハラに関する問題について雇用管理上の措置を講じることを義務付けています。さらに、令和2年（2020年）6月1日に施行された改正男女雇用機会均等法では、職場におけるハラスメント防止対策を強化する規定を新たに設けています（42ページ）。

② パワーハラスメント（パワハラ）

　職場のパワーハラスメント（パワハラ）とは、厚生労働省が定める定義によれば、同じ職場で働く者に対して、職務上の地位や人間関係などの職場内の優位性を背景に、業務の適正な範囲を超えて、精神的・

身体的苦痛を与えるまたは職場環境を悪化させられることをいいます。

職場におけるパワハラの例として、暴言や暴行といった直接的な攻撃の他、明らかに過重なノルマを課す、専門外の業務を課す、故意に仕事を与えない、無視や仲間外しをする、といった行為が挙げられます。

「労働施策の総合的な推進並びに労働者の雇用の安定及び職業生活の充実等に関する法律」（通称「労働施策総合推進法」）は、パワハラ防止法とも呼ばれ、企業に対してパワハラ防止措置を義務付けています（91ページ）。

③　マタニティハラスメント（マタハラ）

マタニティハラスメント（マタハラ）とは、職場における妊娠、出産等に関するハラスメントのことです。具体的な定義は男女雇用機会均等法が定めており、職場の女性労働者に対し、妊娠したこと、出産したこと、産前産後休業その他の妊娠・出産に関する制度や措置を利用したこと、その他の妊娠・出産に関する事由に関する言動によって、その女性労働者の就業環境が害されること、をいいます。

たとえば、働く女性が妊娠や出産を理由に職場で嫌がらせを受ける場合や、妊娠や出産を理由とした左遷（配転）、降格、解雇などの扱いを受ける場合などが、マタハラに該当します。

マタハラを行う加害者には、女性特有の心身を理解しない男性が多いというイメージがありますが、女性が加害者となる場合もあります。つわりで苦しむ人に悪口を言う行為や、健診などで遅刻や早退をする人に対して「仕事をしなくてよいから楽だね」「仕事が回ってきて迷惑だ」などという場合などが挙げられます。出産後も仕事を続けようと考えていた女性が、マタハラを理由に会社を退職してしまうケースもあります。

④　モラルハラスメント（モラハラ）

モラルハラスメント（モラハラ）については明確な定義はありませんが、一般的には、相手を無視したり、相手に対して暴言を吐いたり言葉で追い詰めたりするなど、態度や言葉による精神的な暴力・嫌が

第1章　職場のハラスメントの現状　　11

らせのことをいいます。相手の人格を否定する言動はモラハラの典型
例で、過度にプライベートに立ち入る行為もモラハラにあたる可能性
があります。肉体的な暴力はモラハラには含まれません。

　加害者としては意図的に嫌がらせをしているつもりではなくても、
加害者の言葉や態度などによって被害を受けている場合にはモラルハ
ラスメントの問題になります。

⑤　ジェンダーハラスメント（ジェンハラ）

　ジェンダーハラスメント（ジェンハラ）とは、「性」を背景にした
ハラスメントのうち、性的な言動ではなくセクハラには該当しないも
のの、個人の能力や特性を認めず、性別だけを理由とした差別的な言
動などのことをいいます。「男らしさ」「女らしさ」を強要する嫌がら
せといえるでしょう。

　ジェンハラの例として、女性を理由に給与アップや昇進を男性より
遅らせること、女性だけにお茶くみをさせること、「男だから力仕事
ができて当たり前」「女は会議で発言するな」などといった圧力を加
えること、が挙げられます。

　労働基準法や男女雇用機会均等法は、性別を理由とする一定の差別
的取扱いを禁じています。なお、最近ではLGBT（レズビアン、ゲイ、
バイセクシュアル、トランスジェンダーの総称）にあたる労働者への
ジェンハラも問題視されています。

⑥　パタニティハラスメント（パタハラ）

　パタニティハラスメント（パタハラ）とは、職場の男性労働者が、
育児のために、育児休業・子の看護休暇・時短勤務などの制度利用を
希望したこと、これらの制度を利用したことなどを理由として、同僚
や上司等から嫌がらせなどを受け、就業環境が害されることをいいます。

　出産をきっかけに育児休業を取得しようとする男性社員に心ない言
葉を浴びせるケースや、育児休業や時短勤務を請求したことを理由と
する左遷（配転）、降格、解雇などの扱いを受けるケースなどがあり

■ 職場における主なハラスメントの種類 ……………………………

セクシュアルハラスメント （セクハラ）	労働者の意に反する性的な言動により、その労働者が労働条件について不利益を受けたり、就業環境が害されること
パワーハラスメント （パワハラ）	職務上の地位や人間関係などの職場内の優位性を背景に、業務の適正な範囲を超えて、精神的・身体的苦痛を与えるまたは職場環境を悪化させられること
マタニティハラスメント （マタハラ）	女性労働者が、妊娠や出産をしたことや、産前産後休業その他の妊娠・出産に関する制度や措置を利用したこと、その他の妊娠・出産に関する言動によって、就業環境が害されること
モラルハラスメント （モラハラ）	相手を無視したり、相手に対して暴言を吐いたり言葉で追い詰めたりするなど、態度や言葉による精神的な暴力・嫌がらせのこと
ジェンダーハラスメント （ジェンハラ）	個人の能力や特性を認めず、性別だけを理由とした差別的な言動などのこと
パタニティハラスメント （パタハラ）	男性労働者が、育児のために、育児休業・子の看護休暇・時短勤務などの制度利用を希望したりこれらの制度を利用したことを理由に、同僚や上司等から嫌がらせなどを受け、就業環境が害されること
スモークハラスメント （スモハラ）	職場内での優位性を背景として、喫煙者が非喫煙者に対して喫煙を強制したり、意思に反して喫煙者のタバコの煙にさらされること
アカデミックハラスメント （アカハラ）	教育・研究における優越的な地位等を利用した不適切な言動による嫌がらせのこと
カスタマーハラスメント （カスハラ）	顧客や取引先などからのクレーム・言動の要求の内容の妥当性に照らして、当該要求を実現するための手段・態様が社会通念上不相当であって、当該手段・態様により、労働者の就業環境が害されること

第1章 職場のハラスメントの現状

ます。我が国では男性の育児休業取得率が極めて低く、男性の育児参加のための職場環境が十分に整っていないことがパタハラ行為の背景とされています。

⑦　スモークハラスメント（スモハラ）

　スモークハラスメント（スモハラ）とは、職場において、職場内での優位性を背景として、喫煙者が非喫煙者に対して喫煙を強制したり、意思に反して喫煙者のタバコの煙にさらされることをいいます。

　特に、タバコの煙を嫌う社員が喫煙者である社員と同じ空間にいることが強制され、受動喫煙により健康を害する危険があることが問題視されています。そのため、労働安全衛生法は、事業者に対して、受動喫煙の防止措置をとるよう努めることを求めています。また、健康増進法は、学校や病院、行政機関、飲食店など、多数の者が利用する施設等では、一定の場所以外での喫煙を禁止するとともに、施設等の管理者などは、喫煙が禁止されている場所に灰皿などの喫煙器具や喫煙設備を設置してはならないとしています。

⑧　アカデミックハラスメント（アカハラ）

　アカデミックハラスメント（アカハラ）とは、教育・研究における優越的な地位等を利用した不適切な言動による嫌がらせを指します。

　たとえば、大学などの学内で、教員や職員が教育上や研究上の権力を利用して、学生の教育指導や研究活動に関係する妨害、いやがらせなどをしたり、不利益を与える行為がアカハラに該当します。

　アカハラは、上下関係を利用した嫌がらせであるため、パワハラの一種であるとされています。

⑨　カスタマーハラスメント（カスハラ）

　厚労省によれば、カスタマーハラスメント（カスハラ）とは、顧客や取引先などからのクレーム・言動のうち、そのクレーム・言動の要求の内容の妥当性に照らして、当該要求を実現するための手段・態様が社会通念上不相当なものであって、当該手段・態様により、労働者

の就業環境が害されるものをいいます。簡単にいえば、顧客などからの著しい迷惑行為を指すといえます。

　カスハラの具体例としては、企業が提供する商品やサービスに欠陥やミスが認められないにもかかわらず、言いがかりをつけたり、従業員に対し威圧的な言動をしたり、暴言や中傷、脅迫などの精神的な攻撃や暴力などの身体的な攻撃、土下座の要求や差別的な言動をしたりすることが挙げられます。

◉ 職場におけるハラスメントはパワハラが最も多い

　厚生労働省による「令和5年度　職場のハラスメントに関する実態調査」によると、過去3年間での勤務先でパワハラ、セクハラ、顧客等からの著しい迷惑行為を一度以上経験した者の割合は、パワハラが最多となっています。次いで、顧客等からの著しい迷惑行為（カスハラ）、セクハラの順となっています。パワハラやセクハラ、カスハラはどの職場でも日常的に起こりうるものだといえます。

■ 職場におけるハラスメントの発生状況について ‥‥‥‥‥‥‥

> ★ 厚生労働省
> 　「令和5年度　職場のハラスメントに関する実態調査」より
>
> ● ハラスメントを受けた経験について
>
> ・過去3年間での勤務先でパワハラ、セクハラ、顧客等からの著しい迷惑行為を一度以上経験した者の割合は、パワハラが最も多く（19.3%）、次いで顧客等からの著しい迷惑行為（10.8%）、セクハラ（6.3%）の順となっている。
> ・過去5年間に就業中に妊娠／出産した女性労働者のうち、妊娠・出産・育児休業等ハラスメントを受けた女性労働者の割合は26.1%。
> ・過去5年間の妊娠に至る前に、妊娠・出産等に関する否定的な言動を経験した女性労働者の割合は17.9%。
> ・過去5年間に育児に関わる制度を利用しようとした男性労働者の中で、育児休業等ハラスメントを受けた男性労働者の割合は24.1%。

相 談 スモークハラスメントと受動喫煙の防止

Case 従業員が受動喫煙を防止する措置を求めてきた場合、事業者としては、どのような義務を負うのでしょうか。

回 答 スモークハラスメント（スモハラ）とは、意思に反して、喫煙あるいは受動喫煙を強制する嫌がらせのことです（14ページ）。特に健康被害の原因として注目が集まっている、受動喫煙によるスモークハラスメントに注目が集まっています。たとえば、同じ部署で働く上司が喫煙者である場合、タバコの煙を嫌っていたとしても、部下である社員は、喫煙を止めることを上司に進言しにくいため、タバコの煙が充満した空間で働くことを強要されることになります。

　前述したように、事業者は、労働安全衛生法に基づき、屋内における労働者の受動喫煙を防止する措置を講じるよう努める義務を負っています。しかし、これは努力義務（義務を果たさなくても制裁が予定されていない義務）にとどまるため、社員の多くが受動喫煙の防止を望んでいる場合、事業者としては適切に対応することが望ましいのですが、この規定により受動喫煙の防止を徹底するのは困難です。

　これに対し、健康増進法においても、かつては、事業者が適切な措置を講じて、社員を含めた多数の施設利用者が受動喫煙にさらされないよう努める義務を規定していました（受動喫煙防止の努力義務）。たとえば、職場を全面禁煙にする、あるいは、喫煙可能なスペース（分煙スペース）を設置して嫌煙者がタバコの煙にさらされないよう分煙を徹底する、などの措置を講じることが考えられます。

　さらに、平成30年（2018年）に成立し、令和2年（2020年）4月に全面施行された健康増進法改正により、事業者に対する受動喫煙防止の努力義務が、罰則付きの受動喫煙防止義務へと変更されました。したがって、職場を全面禁煙にするか、あるいは分煙スペースを設置するなどし

16

て、受動喫煙を防止する措置を講じることが義務付けられます。禁煙スペースで喫煙をしている者は、都道府県知事による禁煙スペースからの退出命令などに従わない場合に過料に処されることに注意が必要です。

相談 カスタマーハラスメントにあたるかどうかの判断基準

Case 弊社は小売店ですが、お客様から、購入した商品が壊れていたという苦情がありました。従業員が謝罪をした上で、すぐに商品の交換または返金の対応をする旨をお客様に伝えたところ、「商品の交換や返金だけでは気が済まないし、謝罪も足りない。従業員や店長が土下座をして謝罪するべきだ」と言われました。このような要求はカスタマーハラスメントであるとして、拒否しても問題はないでしょうか。

回答 カスタマーハラスメント（カスハラ）に該当するかどうかの判断基準は、企業や業界ごとに判断基準が存在しますが、厚生労働省の「カスタマーハラスメント対策企業マニュアル」では、一つの判断基準として、①顧客等が要求する内容が妥当なものといえるか、②顧客等の要求を実現するための手段や態様が社会通念に照らして相当な範囲といえるか、という観点で判断することが考えられるとしています。

　相談のケースでは、まず、顧客の購入した商品が壊れていたという欠陥があるため、①顧客が謝罪や商品の交換や返金を要求することは妥当なものであり、お店側はその要求に応じる必要があるといえます。しかし、単なる謝罪や商品の交換・返金だけでなく、従業員や店長に土下座を要求するというのは、相手方に屈辱感を与える威圧的・暴力的な要求であり明らかに行き過ぎな要求ですので、②手段・態様が社会通念に照らして相当な範囲とはいえません。刑法上の強要罪に該当する可能性もあります。そのため、土下座の要求はカスタマーハラスメントに該当すると考えられ、お店はこの要求に応じるべきではないでしょう。

第1章　職場のハラスメントの現状　**17**

メンタルヘルス疾患の症状と対策を知っておこう

疾患の原因や症状を知ることで対応も変わる

● ハラスメント被害がメンタルヘルス不全をもたらす

　メンタルヘルス不全は、精神的なストレスが原因になって発症する精神疾患です。はじめは腹痛や頭痛・吐き気、倦怠感などの症状が現れ、重篤化するとメンタルヘルス疾患であるうつ病などの発症に至ります。

　たとえば、職場で発生するハラスメントでもっとも多いといわれるパワーハラスメントは、被害を受けた従業員をメンタルヘルス不全に陥らせてしまう危険性の高い行為といえます。パワーハラスメントを受けた従業員は、極度の緊張状態に置かれるため、大きな精神的ストレスを感じます。そのため、会社側が適切な対処を怠ると、ハラスメント被害に遭っている従業員のメンタルヘルス疾患が引き起こされることになりかねません。

● どんな病名があるのか

　メンタルヘルス疾患として診断書などでよく見かける病名としてまず挙げられるのは、ドラマや映画などでも取り上げられ、社会的な認知度が高まった「うつ病」です。最近では、休暇中は元気なのに会社に行くと途端にうつの症状を示す「新型うつ病」が、特に若い世代に広がっているとして問題視されています。また、うつ病に似た病気として「躁うつ病」があります。さらに、うつ病や躁うつ病という明確な病名はつけられないものの、状態として同様の症状がある場合には、「抑うつ状態」という表現が使用されることもあります。

　この他「不安障害」「適応障害」「自律神経失調症」「統合失調症」といった病名が一般によく見られます。

● メンタルヘルス疾患の症状について

　前述したメンタルヘルス疾患にかかってしまうと、どのような症状が現れるようになるのでしょうか。

① うつ病

　うつ病は、多忙や不安、人間関係などによるストレスなどをきっかけにして、脳内物質セロトニンなどの分泌が異常をきたし、精神的・身体的な症状が現れる病気と言われています。主な症状は意欲の低下や無気力、憂うつ感などで、何もする気がおきずにボーッと一日を過ごしてしまったり、何かをし始めても緩慢な動作でミスを繰り返すといったことが増えます。また、睡眠障害や頭痛・背中痛など身体的な痛み、下痢・便秘といった症状が出て、遅刻・早退・欠勤を繰り返すことも多くなります。

② 躁うつ病（双極性障害）

　うつ病の症状とまったく逆に、必要以上に意欲が向上し、根拠のない自信を持って物事にあたってしまう状態を「躁状態」と言い、この躁状態とうつ状態を繰り返す病気を躁うつ病といいます。

　躁状態のときには自分で気持ちを抑えることができず、いわば暴走状態になります。自分の能力以上の仕事を引き受けてしまったり、気が大きくなって大金をギャンブルにつぎ込む、周囲が傷ついているのに気づかず独断で行動してしまう、といったことが多くなります。

　なお、躁うつ病はうつ病の一種ではなく、まったく別の病気です。治療法も異なるため、注意が必要です。

③ 抑うつ状態

　うつ病や躁うつ病といった診断名をつけられるような状態ではないものの、症状としてうつ病などに近いものが現れているときに、よく使用される表現です。仕事に対してやる気が出ない、集中できないといった状態になりますが、軽度であれば一時的に回復する場合もあり、見逃されがちです。

第1章　職場のハラスメントの現状　　19

④ **不安障害**

　さまざまな要因で不安や恐怖を感じることは日常誰にでもあることです。その感覚はむしろ、生命維持のために必要な機能ともいえるわけですが、本来不安や恐怖を感じる対象ではないものにまで過剰に反応して身動きがとれなくなったり、動悸や息切れなどの身体症状を示すようになると、日常生活にも支障をきたします。このような障害が現れるのが不安障害です。不安障害は、発症のきっかけや症状などによって、社交不安障害（社会不安障害）やパニック障害、恐怖症などさまざまなものに分類されます。たとえば社交不安障害では、人と接したり人前で話をしたりすることに強い不安や緊張を感じ、営業活動中や会議などの場で一言も話せなくなってしまったり、目まいや動悸、手足のふるえなど身体的な症状が現れることもあります。このような症状が続くと、出勤はおろか自宅から出ることもできなくなったり、うつ病など他の精神疾患を併発することもあります。

　パニック障害も動悸や吐き気、窒息感、手足のふるえといった症状が発作的に現れる疾患です。社交不安障害との違いは、「人と接する」といった明確なきっかけがなくても、突然症状が起きることです。実際に呼吸器や循環器などに異常があるわけではありませんが、時に命に関わると思われるような強い症状を示すこともあり、業務中に発作が起きれば仕事上のさまざまな面で支障をきたします。

⑤ **適応障害**

　ある特定の環境や状態がその人にとって強いストレスとなり、不安症状や抑うつ状態といった症状が現れることを適応障害といいます。強い不安感から深酒をして遅刻、早退、無断欠勤などを繰り返すようになったり、仕事に対して意欲がわかず、失敗を繰り返すなどの問題を起こすこともあります。職場では、転勤や異動で職場環境が変わったときなどに発症することがあります。

⑥　自律神経失調症

　自律神経失調症は古くからよく知られた名称ですが、病名としてではなく、症状のひとつとして理解されています。ストレスやホルモンバランスの乱れなどが原因で自律神経が正常に働かず、さまざまな症状が現れると言われています。また、うつ病などの病気に付随して症状が現れることもあります。職場ではめまいや動悸、頭痛、睡眠障害、倦怠感などの身体症状を訴え、仕事に集中できなくなったり、休みがちになったりすることが多いようです。

⑦　統合失調症

　統合失調症はおおむね100人に１人の割合で発症する精神病で、ス

■ 職場で生じる可能性があるメンタルヘルス疾患 ‥‥‥‥‥‥‥

名　称	特　徴
うつ病	多忙や不安、人間関係などによるストレスなどをきっかけにして、精神的・身体的な症状が現れる病気
躁うつ病	躁状態とうつ状態を繰り返す病気。うつ病とは異なる別の病気で治療法も異なる
抑うつ状態	うつ病や躁うつ病といった診断名をつけられる段階には至っていないものの、症状としてうつ病などに近いものが現れている状態
不安障害	本来不安や恐怖を感じる対象ではないものにまで過剰に反応する症状が現れる病気。社交不安障害やパニック障害、恐怖症などがある
適応障害	ある特定の環境や状態がその人にとって強いストレスとなり、不安症状や抑うつ状態といった症状が現れる状態にあること
自律神経失調症	ストレスやホルモンバランスの乱れなどが原因で自律神経が正常に働かず、めまいや動悸、頭痛、睡眠障害、倦怠感などの症状が現れている状態
統合失調症	脳の機能に問題が起こることで生じるとされている精神病の一種。幻覚や幻聴、妄想などが主な症状

第１章　職場のハラスメントの現状　　21

トレスがそのきっかけとなると言われています。脳の機能に問題が起こり、自我とそうでないものの区別がつかなくなる、考えをまとめるのが難しくなる、といった状態に陥ります。

　主な症状として、幻覚や幻聴、妄想といったものが挙げられます。職場では変わった言動を繰り返したり、実際にはそんなことはないのに「会社でみんなが悪口を言っている」と思い込み、人との接触を避けようとすることもあります。

● どのように対応したらよいのか

　今までは勤務態度に特に問題がなかったのに、最近になって職場への遅刻や早退を繰り返したり、仕事に対するやる気が感じられずミスが目立つようになってしまった従業員については、メンタルヘルス不全に陥ってしまった可能性があります。そのため、そのような従業員に対しては、同僚や上司、人事部の担当者などが、仕事をする上で何か悩みや問題などがあるのかどうか、本人からしっかり聞き取りをした上で、適切な対応策を考える必要があります。抑うつ状態や適応障害の場合は、本人から話を聞いたり職場環境を変えたりするといった対応をすることで、症状が改善する可能性もあります。しかし、うつ病などの場合は、励ましや気分転換がかえって本人の負担となり、病状を悪化させることになりかねません。また、意味不明の言動を繰り返す統合失調症の場合は、本人から話を聞いても有効な解決策とはならず、いつまでたっても問題の解決に至らない可能性があります。

　メンタルヘルス不全の従業員に対しては、その人の具体的な症状や状態によってとるべき対応は異なりますが、特にうつ病や躁うつ病、統合失調症といったメンタルヘルス疾患を抱えているのではないかと思われる人がいる場合には、まずは専門医の診断を受け、適切な治療を受けるように促すことが重要です。

③ なぜ職場でメンタルヘルスが問題になるのか

メンタルに問題を抱える従業員が増えている

● メンタルヘルス悪化の要因は何か

　近年、職場において従業員のメンタルヘルスが悪化している要因としては、次のようなものが考えられます。

① 仕事量が多く、拘束時間が長い

　近年は外国との競争が激さを増しており、経営が厳しくなった企業がリストラや採用制限といった手段をとらざるを得ない状況に陥ることがあります。その一方で、求人広告をだしても希望者が一向に集まらず、人材難に陥っている企業もあります。このような形で、必要な人材が不足している企業においては、従業員が担う業務の量や責任が増大し、肉体的・精神的に過度な負担がかかるようになります。

② 雇用形態の複雑化

　人員が減少する一方で、不足する労働力を補う目的で拡大した雇用形態の多様化は、メンタルヘルスの面でも問題視されています。たとえば、正社員とパート、派遣などの非正規雇用の労働者が同じ職場で働くことにより、業務の割合や責任、情報管理などの面で正社員の負担が増大します。これに対し、非正規雇用の労働者については、単純な仕事しか与えられない、賃金が正社員より安い、常にいつ解雇されるかわからない不安がある、正社員より一段下に見られる、などの精神的なストレスを抱えることが多くなります。

③ 人間関係の希薄化

　雇用形態の多様化はさらに、人間関係の希薄化という問題も生んでいます。終身雇用の時代には、社員を家族のように扱い、一丸となって会社をもり立てていこうという職場環境がありました。しかし、雇

第1章　職場のハラスメントの現状　23

用形態が違うと、そのような仲間意識は生まれず、コミュニケーションをとることも減っていきます。場合によっては、雇用形態の違いが対立の原因になってしまうこともあります。

　また、パソコンや携帯電話、スマートフォンといったIT機器の導入も、メンタルヘルス悪化の要因になっています。IT機器を活用することによって業務の効率は劇的に上がりますが、一方で直接顔を合わせることなくメールやチャットで事務的な連絡を取り合うだけになるなど、顔を合わせたコミュニケーションの機会が減ります。この状況では、部下が悩みを抱えていても上司は気づきにくくなり、部下のほうも相談を持ちかけることができません。そのため、IT機器が人間関係の希薄化に拍車をかけていると言われています。

　顔を合わせたコミュニケーションの不足は、社員などがメンタルヘルス不全に陥っている場合にも、マイナスに作用することに注意が必要です。なぜならば、メンタルヘルス不全が、身体的な不調などの症状として現れた場合には、労働者自身が、自身の心身の不調に気づくきっかけになります。しかし、精神的なストレスが原因であるメンタルヘルス不全は、はっきりとした身体的症状として現れない場合も少なくないからです。そのため、労働者自身がメンタルヘルス不全に陥っていることに気づくことができず、発症したうつ病などを重篤化させてしまい、場合によっては自殺してしまうこともあります。

　ただ、上司との間で顔を合わせたコミュニケーションが十分にとれていれば、その上司がメンタルヘルス不全の兆候に気づくことができ、重篤化する前に何らかの対応も可能なケースも多いといえます。

● メンタルヘルスの悪化はどんな業種で多いのか

　労働政策研究・研修機構が平成22年に実施した「職場におけるメンタルヘルスケア対策に関する調査」によると、医療・福祉、情報通信業、製造業といった産業の事業所で、メンタルヘルスに問題を抱えて

いる社員のいる割合が7割前後という結果が出ています。他の産業の事業所の多くは5割前後ですから、特に高いといえるでしょう。また、地方公務員安全衛生推進協会が実施している「地方公務員健康状況等調査」によると、平成29年度における地方公務員の長期病休者の「精神及び行動の障害」が占める割合は55.9％で、平成19年度の約1.4倍に相当し、公務員のメンタルヘルスが悪化傾向にあります。

◉ メンタルヘルスの悪化を放置しておくとどんなリスクがあるのか

　企業側が注意しなければならない問題として、メンタルヘルス悪化の原因に、職場でのセクハラやパワハラなどを中心とする、各種ハラスメントが存在している場合があるということです。たとえば、明らかに言動によってセクハラを行っていることが把握できる場合には、迅速な対処が可能ですが、メールやチャットなどの機能を利用したり、発覚しないよう秘密裏にセクハラを行っている場合には企業側が認知することは容易ではありません。また、セクハラにより精神的に苦痛を感じる程度も、個人差がありますので、被害を訴えている社員に対して、個別に丁寧な対応が求められます。

　パワハラについても同様に、上司と部下との間の個別のやり取りの中で発生する問題ですので、企業側が正確に事態の把握を行うことは容易ではありません。そのため、注意深く社員の動向をチェックする

■ メンタルヘルス悪化の要因 ・・・

| 過重業務や責任の増加 | 雇用形態の複雑化 | 人間関係の希薄化 |

労働者のメンタルヘルス悪化

体調不良や、うつ病などの疾患を生じさせる可能性がある

第1章　職場のハラスメントの現状　　25

とともに、ハラスメントの被害を訴えてきた社員などに対して、適切に対応する窓口を設けておかなければ、リスクマネジメントとしても不十分であり、さまざまなリスクを抱えることになります。

　以下では、ハラスメントに対応が遅れた場合に、企業側が抱えるリスクについて見ていきます。

①　職場環境悪化のリスク

　企業側がハラスメントの対策を怠ることで、職場環境が悪化することが容易に想定できます。特に、直接的にセクハラやパワハラの被害に遭っている社員などは、メンタルヘルス不全に陥り、業務の遂行自体が困難になる場合もありますので、業務の適切な遂行に支障をきたし、企業の業績悪化にもつながります。

②　人材流出のリスク

　ハラスメント対策が後手に回ることで、職場環境の悪化にとどまらず、優秀な人材を失うリスクもあります。ハラスメント対策も十分に行うことができない企業に対して魅力を感じる者はいないのが通常ですので、他の企業への転職を検討する社員が増えることにつながりかねません。場合によっては、ハラスメント対策が不十分であったために、社員がライバル企業によってヘッドハンティングされる事態も生じる可能性があります。

③　訴訟リスク

　ハラスメント対策を怠った結果、社員のメンタルヘルスが悪化したために、企業側が訴えられるというケースも考えられます。

　一般に、企業側は社員などに対して安全配慮義務を負っています。つまり、雇用契約において、社員などが職場で働くにあたり、心身ともに健康な状態で働くことができるような職場環境の維持・改善に努めることは、企業側の義務です。そのため、ハラスメントに対して何ら対策を講じていない企業は、安全配慮義務に違反しており、社員などから損害賠償請求訴訟を提起されるリスクを負います。

さらに、ハラスメントが原因でメンタルヘルスが悪化した社員など
が、長期の療養が必要になった場合や、最悪のケースとして自殺して
しまった場合には、より深刻なリスクを抱えることになります。企業
はハラスメント行為の直接の加害者ではありませんが、使用者責任と
して、被害者である社員などに対して、直接的に高額な損害賠償責任
を負担しなければならない事態に陥る可能性があります。

● 企業はどのような姿勢で取り組むべきか

　職場のメンタルヘルスが社会問題として注目される一方、「メンタ
ルヘルスは個人の問題」「その人の心が弱いだけ」という声が根強い
のも事実です。厚生労働省が公表した「令和4年労働安全衛生調査
(実態調査)」によると、メンタルヘルス対策に取り組んでいる事業所
が63.4％と過半数に達しているものの、これに取り組んでいない事業
所も多いのが現状です。

　職場でメンタルヘルス不全を起こす要因は、職場環境であったり、
業務の内容や責任の程度であったりと、その職場で働く人なら誰でも
感じるようなもので、放置すれば次々と同じような状態になる人が出
てくる可能性があります。また、メンタルヘルス不全を起こす人が増
えれば、職場の雰囲気が悪化します。本人の作業効率が落ちることは
もちろんですが、その分、同じ職場で働く他の人の負担が増大し、職
場全体で精神的にも肉体的にも余裕がなくなっていくのです。その結
果、企業全体の生産性に影響が生じることにもなりかねません。

　コスト面の問題も深刻です。メンタルヘルス不全を起こした人が休
職を申し出た場合、休業補償や補充人員の給与、社会保険料などの経
費がかかりますし、損害賠償などの負担が生じる可能性もあります。
企業には、メンタルヘルス対策を重大な問題ととらえ、労働者や社会
に対する責任として積極的に取り組むことが求められています。

第1章　職場のハラスメントの現状　**27**

相談 社員が不調を訴えたらどうしたらよいのか

Case 社員から「仕事に意欲がわかず、集中できない。」という相談を受けた場合、どのように対応するのが適切でしょうか。すぐに休職などを命じるべきでしょうか。また、逆効果になってしまう対応としては、どのようなものがありますか。

回答 メンタルヘルスに問題を抱える人（メンタルヘルス不調の人）の今後の職場での生活に大きな影響を与えることのひとつに、周囲の対応があります。周囲がどのような態度で対応するかによって、症状が劇的に改善することもある一方、対応を間違えて、症状をますます悪化させてしまうことも少なくありません。職場にメンタルヘルス不調を訴える社員がいる場合は、上司や同僚などが必要な対応を知り、互いに配慮することが求められます。

　ただ、メンタルヘルス不調への対応は、正解が一つとは限りません。その原因や症状は人によってさまざまで、一般的に正しいと言われていることでも、その人にとっては逆効果になることもあります。

　たとえば、社員が「適応障害により3か月程度の療養を要する」という診断書を提出した場合に、3か月の休業を命じたとします。上司にしてみれば、「仕事を離れて休むことが必要」という判断で休業を命じたのかもしれませんが、適応障害の原因が職場の労働環境や人間関係にあったとすると、たとえ3か月後症状が回復しても、職場に復帰したとたんにまた同じ症状が現れる可能性が高いといえます。このような場合は、単に休業させるだけではなく、職場環境を見直す、職場を移す（本人または問題のある社員の配転を行うなど）、人間関係の改善に努めるといった対応をすることが必要になります。

　また、同僚から「最近仕事に対する意欲がわかず、集中できない」という相談を受けた場合に、仕事から離れて気分転換をすればよいの

ではないかと考えて、飲みに誘ったりイベントを開いたりすることがあります。その症状が一時的なものであれば、気分転換は意欲向上に効果がありますが、すでにうつ病にかかっている人の場合、そのような誘いは、かえって負担をかけることになります。場合によっては、相談先をなくし、出勤すらできなくなってしまったり、「同僚の好意を無にするなんて、自分はだめな人間だ」とさらに落ち込み、自殺念慮にとりつかれたりする危険性もないとはいえません。

このように、周囲はよかれと思って行動しているにもかかわらず、それが適切な方法ではないために、かえって本人を危険な状態に追い込む場合があることを知っておくことが必要です。

社員からメンタルヘルス不調の訴えがあったら、まずは本人の話を聞きましょう。その際、できるだけ話しやすい環境づくりを心がけることが重要です。具体的には、「周囲に話が聞こえない場所で話す」「本人の話を否定したり、自分の話に置きかえたりするのではなく、とにかく聞くことに重きをおく」といったことが挙げられます。できることならば、家族や友人、産業医などの医師からも情報を集め、必要な対応を検討していくことが求められます。

■ 社員からメンタルヘルス不調の訴えを受けたときの注意点

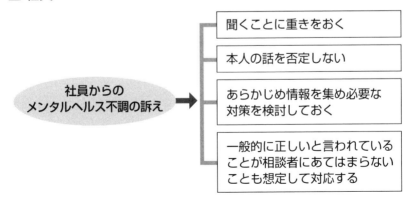

セクハラやパワハラによる健康被害について知っておこう

会社にはセクハラやパワハラの防止措置義務がある

● どんな問題点があるのか

　職場で従業員にハラスメント（嫌がらせ）が行われた場合、それは従業員のストレスとなり、従業員の健康に悪影響を及ぼすことがあります。うつ病などのメンタルヘルス疾患もそのひとつです。職場での主なハラスメントとして、セクシャルハラスメント（セクハラ）とパワーハラスメント（パワハラ）があります。

　セクハラについては、その内容が法律などで厳密に定義付けられているわけではありません。しかし、男女雇用機会均等法では、職場における性的な言動への労働者の対応によって、その労働者が不利益を受けないように事業者（事業主）が雇用管理上の措置を講ずべき義務があることや、性的な言動を受けた労働者が相談を行ったことなどを理由として、事業者が解雇などの不利益取扱いをしてはならないことを定めています。

　どのような行為がセクハラに該当するかは、原則としては性的な言動を受けた側の主観を基準に判断します。たとえば、相手の体に必要以上に触れる、無理やりデートに誘う、性行為を強要する、といった行為が典型的なセクハラに該当します。その他にも、酒の席で酌をさせることや、水着・ヌードのポスターを職場の壁に貼ることも、原則としてセクハラに該当します。これらの行為も、性的な観点から被害者が不快と感じるが通常なので、セクハラであると考えておくべきでしょう。セクハラについては、第2章で詳しくとりあげます。

　これに対し、パワハラについては厚生労働省が定義を示しており、「同じ職場で働く者に対して、職務上の地位や人間関係などの職場内

の優位性を背景に、業務の適正な範囲を超えて、精神的・身体的苦痛を与える又は職場環境を悪化させる行為」であるとしています。

　具体的には、暴行、傷害、侮辱といった行為がパワハラに該当するのはもちろん、業務上明らかに遂行の不要なことや不可能なことを強制する行為もパワハラに該当します。

　また、労働施策総合推進法により、事業者にはパワハラ防止の雇用管理上の措置義務が課せられています。さらに、パワハラを受けた労働者の相談などを理由とした事業者による不利益取扱いも禁止されています。パワハラについては、第3章で詳しくとりあげます。

● 事業者が法的責任を追及されることがある

　職場でセクハラやパワハラを受けた従業員がいる場合、加害者に加えて事業者（会社）も法的責任を負う場合があります。ここでは、裁判で事業者が法的責任を負うと判断された事例を紹介します。

　まず、職場で上司が部下である女性の異性関係が乱れていることを会社の内外で噂したことで、その女性が退職に追い込まれた事例で、裁判所は、会社には働きやすい環境を保つよう配慮する義務があったとして、その女性に対して損害賠償責任を負うと判断しました。

　次に、男性従業員が女子トイレに侵入していたのを発見した女性従業員が、そのことを会社に報告したのに、会社が事実関係を確認せずに問題を放置していた事例で、裁判所は、会社の不適切な対応（職場環境配慮義務）による精神的苦痛があるとして、女性従業員に慰謝料の支払義務があるとしました。

　さらに、同じ職場で働いている従業員に陰口を言われ続け、最後には自殺してしまった職員がいるという事例で、裁判所は、会社は従業員の安全を確保して事故を防止すべき注意義務を怠ったとして、遺族に対して損害賠償責任を負うと判断しました。

　このように、会社（事業者）が職場環境を管理している以上、セク

第1章　職場のハラスメントの現状　　**31**

ハラやパワハラを防止する義務があり、職場内でセクハラやパワハラが起こった場合には、事業者も損害賠償責任などの法的責任を負う立場になることに注意しなければなりません。

● どのような対策を講じればよいのか

セクハラやパワハラを防止したり、実際にセクハラやパワハラが起こった場合にはそれを解決するために、会社は積極的にさまざまなことを行う必要があります。

最初にやるべきことは、職場内でセクハラやパワハラがあってはならないことを会社が労働者に周知することです。周知をする際に、あわせてセクハラやパワハラに対しては懲戒処分も辞さないことを就業規則などで定めると、効果的に労働者に対する周知徹底をすることができます。

また、セクハラやパワハラに対する相談窓口を社内に設けることも必要です。セクハラやパワハラの被害者は、被害事実を誰に相談すればよいかわからないまま泣き寝入りしてしまうことがあります。そのような事態を防ぎ、セクハラやパワハラに対して適切に対応するためには相談窓口の設置が必要になります。

さらに、社内でセクハラやパワハラが起こってしまった場合には、それに対して適正に対応することが必要になります。具体的には、当事者の言い分をよく聞き事実関係を明らかにして、セクハラやパワハラがあった場合には、加害者に謝罪を要求したり、被害者と加害者の関係改善のための措置を講じる他、加害者への懲罰（左遷や懲戒処分など）が必要となる場合もあります。

会社には労働者が働きやすい環境を作る義務があります。そのため、ここで挙げていないセクハラ・パワハラ対策であっても、より効果的ものがあれば積極的に実施していくべきです。

5 ハラスメント防止義務について知っておこう

ハラスメントの防止は会社の法的義務である

◉ 職場でハラスメントが行われた場合、会社はどんな責任を負うか

　職場においてハラスメントが行われた場合、前述したように加害者が不法行為に基づく損害賠償責任を負うことはもちろん、会社も損害賠償責任を負う場合があります。会社は、労働者に対し、労働契約上の義務として、労働者が働きやすい職場の環境を整備する義務を負っていると解されているからです（職場環境整備義務）。つまり、ハラスメント被害が発生するような職場である以上、会社が職場環境整備義務を怠ったとして、労働契約上の債務不履行責任などに基づき、労働者に対し損害賠償責任を負う場合があります。

◉ ハラスメント防止措置の内容

　職場におけるハラスメントの防止などは、会社の法的義務（雇用管理上の措置義務）として位置付けられています。具体的には、男女雇用機会均等法、育児・介護休業法、労働施策総合推進法などで規定されています。そして、厚生労働省のサイトでは、会社に課せられたハラスメント防止措置の内容に関して、以下の5つの項目が挙げられています。

① 会社のハラスメントに対する方針の明確化・周知など

　ハラスメントには、セクハラ、パワハラ、マタハラなどがありますが、たとえば、マタハラについては、妊娠・出産に対する否定的言動の他、妊娠・出産に伴う産前産後休業や育児休業などの利用に対する否定的言動など、さまざまな形で行われる可能性が高いといえます。

　そのため、会社としては、具体的にどのような行為がハラスメントに該当するのかを明確にする義務を負います。たとえば、加害者には

第1章　職場のハラスメントの現状　　33

厳正な処分（懲戒処分など）が加えられることや、加害者への処分の内容が事前に就業規則などで定められていることが重要です。

② ハラスメント被害に関する相談窓口の設置など

　ハラスメント被害に遭っていると思われる労働者が、会社にハラスメント被害を訴える場合に、どこに相談すればよいのかが不明確であるため、泣き寝入りをせざるを得ないケースが、従来から少なからず存在しています。そこで、ハラスメントに関する相談窓口を設置して、被害者の言い分を聴き取るしくみを構築することが重要だといえます。実際に調べてみると、ハラスメント被害に該当しないケースも出てきますが、ハラスメント被害の有無について、会社に気軽に相談できるしくみを整えておくことが何よりも重要です。また、厚生労働省は、相談窓口に関しては、あらゆるハラスメント被害について、一元的に相談を受け入れる態勢を整えておくことが望ましいとしています。

③ ハラスメント被害が発生してしまった場合の防止措置など

　実際にハラスメント被害が発生した場合にも、会社に課せられたハラスメント防止措置という観点からは、さらなるハラスメント被害の拡大を防ぐため、再発防止措置を講じることが必要です。たとえば、マタハラについては、被害発生の前後を問わず、日常的にマタハラが発生するような職場環境や社会的背景に対するケアが重要です。その上で重要になるのが、労働者との間でコミュニケーションを十分に図ることが挙げられます。

④ ハラスメントの原因解消のための措置

　ハラスメントが発生する原因を取り除くため、事前に職場の業務体制を整備しておく必要があります。たとえば、マタハラが生じないようにするため、労働者が妊娠、出産、育児をする場合、産前休業、産後休業、育児休業、軽易な業務への転換など、各種制度が利用できることを周知しておく必要があります。

　そして、労働者が産前休業などの制度を利用しても、業務が円滑に

進むように、会社側としては、業務体制を整備しつつ、労働者が他の労働者などと十分にコミュニケーションをとることができるような職場環境を作り上げることが望まれます。

⑤　併せて講ずべき措置

　ハラスメントに関する相談窓口を設置しても、相談に来る労働者のプライバシーが保護されなければ、実際に労働者がハラスメント被害によって精神的苦痛を受けていても、相談窓口を利用することができないおそれがあります。

　そこで、会社側としては、ハラスメントの当事者のプライバシーを保護することを明示し、相談窓口に相談した労働者や、ハラスメントの有無に関する事実関係の調査に協力した労働者などが、それによって一切の不利益を受けないことを、すべての労働者に理解してもらえるように周知する必要があります。

● 一部の立証責任は会社が負うことになる

　たとえば、ハラスメント被害について会社の責任を追及するため、ハラスメント被害者が、会社に対して損害賠償請求を行った、というケースを考えてみましょう。

　通常は、ハラスメント被害の事実の他に、行為者の故意（わざと）もしくは過失（落ち度）などを被害者側が証明しなければ、損害賠償請求が認められません。特に訴訟では、これらの事実について、証拠を提出することで証明しなければなりません。もし証明できない場合には、証明しようとする事実は存在しなかったものと扱われ、被害者側は不利益を負うことになります。これを証明責任といいます。

　しかし、ハラスメント被害について会社に対する損害賠償責任を追及する場合において、会社の労働契約上の義務違反（債務不履行）を根拠とするのであれば、ハラスメント被害の事実は被害者側が立証する必要があるものの、会社の落ち度（帰責事由）については、会社側

第1章　職場のハラスメントの現状　**35**

が自らに落ち度がなかったことを立証する責任を負います。

　会社は、労働者に対して、ハラスメント防止措置に関する労働契約上の義務を負っています。そのため、ハラスメント被害が生じた場合に、原則として、会社に義務違反（債務不履行）があったものとして扱っても、会社側の過度な負担とはいえないからです。

　この場合、会社が損害賠償責任を免れるには、会社がハラスメント被害の発生防止のため、十分な注意を尽くしていて落ち度がない（帰責事由がない）ことを自ら証明する必要があります。この証明に成功した場合にのみ、例外的に会社の免責が認められます。

● 加害者である労働者の責任とこれに伴う会社の責任

　これまで述べてきたのは、ハラスメント被害に対する会社の法的責任です。それに加えて、ハラスメントの加害者である労働者自身も、被害者に対して、不法行為（他人の権利もしくは利益を侵害する行為のこと）に基づく損害賠償責任を負います。

　たとえば、職場の上司（監督者）がハラスメント行為の加害者である場合、上司と被害者との間に労働契約の関係があるわけではありません。そのため、被害者としては、会社に対する場合とは異なり、労働契約上の義務違反（債務不履行）を根拠に、上司に対して損害賠償請求をすることができません。このように、契約関係のない相手から被害を受けた場合には、民法が規定する不法行為を根拠にして損害賠償請求をする（不法行為責任）ことになります。

　もっとも、不法行為を根拠として損害賠償請求をする場合は、ハラスメント被害の事実に加えて、加害者の故意もしくは過失なども、被害者側が立証する責任を負うことに注意が必要です。

　そして、労働者がハラスメント行為について不法行為責任を負う場合には、会社も民法上の使用者責任を負います。使用者責任とは、ある事業のための他人を使用する者（使用者）が、その事業の執行に使

用される者（被用者）が加えた損害を賠償する責任のことです。会社は「使用者」として、会社の業務を遂行する「被用者」である労働者のハラスメント行為について、使用者責任を負うことになります。

● 会社外の第三者によるハラスメントがあった場合

　会社外の第三者によるハラスメント被害として、派遣労働者が派遣先の労働者からハラスメント被害を受ける場合が考えられます。派遣労働者は派遣先の労働者でないため（派遣労働者から見て派遣先の労働者は会社外の第三者にあたる）、派遣先の法的責任は発生しないようにも思われます。しかし、労働者派遣法では、派遣労働者に対する指揮命令権を持つ派遣先も、派遣労働者のハラスメント被害防止に関する措置義務を負うとしています。そのため、ハラスメント被害について派遣先の労働者が不法行為責任を負う場合には、原則として、派遣先も使用者責任を免れないと考えられます。

● 職場におけるハラスメント防止対策の強化

　令和2年（2020年）6月1日に施行された改正男女雇用機会均等法では、職場におけるハラスメント防止対策を強化する規定を新たに設けられました。詳しくは42ページで説明しています。

■ 派遣労働者のハラスメント被害と使用者の責任

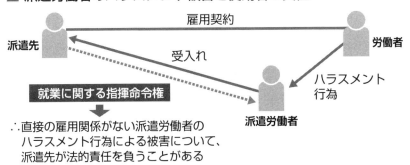

6 男女雇用機会均等法について知っておこう

労働者が性別により差別されないこと等を定めた法律である

● 男女雇用機会均等法とはどんな法律なのか

　法の下の平等を保障する日本国憲法の理念にのっとって、職場における男女の均等な機会と待遇の確保を図ることと、女性労働者の就業に関して妊娠中および出産後の健康の確保を図ること等の措置を推進することを目的として、男女雇用機会均等法（正式名称を「雇用の分野における男女の均等な機会及び待遇の確保等に関する法律」といいます）が定められています。

　男女雇用機会均等法は、労働者が性別によって差別されることなく、また、働く女性が母性を尊重されつつ、その能力を十分に発揮できる雇用環境を整備することを基本的理念としています。

● 男女雇用機会均等法が定めるルール

　男女雇用機会均等法は主に、性別を理由とする差別の禁止と、セクシュアルハラスメントおよびマタニティハラスメントの防止措置について規定しています。以下、具体的なルールについて説明します。

　男女雇用機会均等法は、事業主が労働者を、募集や採用、配置（業務の配分や権限の付与を含みます）、昇進、降格、教育訓練、一定の範囲の福利厚生、職種や雇用形態の変更、退職の勧奨、定年、解雇、労働契約の更新などにおいて、性別を理由として差別することを禁止しています。禁止される差別の具体的としては以下のものがあります。

【募集・採用の場面】

・募集や採用の対象から男女のいずれかを排除すること

・募集や採用について男女で異なる条件・基準を設けること
・採用選考において能力や資質の有無などを判断する場合に、その方法や基準について男女で異なる取扱いをすること
・採用人数について人数枠を設けることなどによって、男女いずれかが優先的に採用されるしくみになっていること
・求人の内容の説明など、募集や採用に関する情報の提供について男女で異なる取扱いをすること

　たとえば、営業職を男性のみ、事務職を女性のみに限定して募集することや、社員の採用時に男性は正社員として、女性はパートとして採用することは、男女雇用機会均等法で禁止される差別となります。

　なお、例外的に、男女いずれかを優先的に募集・採用する行為が男女雇用機会均等法が禁止している差別にあたらない場合があります。厚生労働大臣が定めた指針では、芸術や芸能の分野について表現内容を考慮して男女のいずれかを採用することが必要だと認められる職務、守衛や警備員など防犯に関する職務について男性を従事させることが適切だと考えられる職務、スポーツ競技などの業務の性質上男女いず

■ **男女雇用機会均等法の主なルール** ……………………………

募集や採用における性別による差別の禁止

昇進や配置などにおける性別による差別の禁止

間接差別の禁止

婚姻・妊娠・出産などにおける不利益取扱いの禁止

セクシュアルハラスメント対策の措置義務

➡ 会社は、男女雇用機会均等法のルールに従って、上記の差別に該当しないように雇用管理を行わなければならない

第1章　職場のハラスメントの現状　　**39**

れかを従事させる必要性が認められる職務、が挙げられています。

　さらに、女性が相当程度に少ない分野における募集や採用にあたって、職場に事実上生じている男女間の格差を是正し、男女の均等な機会・待遇を実質的に確保するために、事業者が女性のみを対象とする、または女性を有利に取り扱う措置（ポジティブ・アクション）は、例外的に、男女雇用機会均等法に違反することにはなりません。

【配置、昇進、降格、福利厚生、退職の勧奨、定年、解雇などの場面】

- 一定の職務への配置の対象から男女のいずれかを排除すること
- 職種の変更の対象から男女のいずれかを排除すること
- 一定の役職への昇進の条件を男女で異なるものとすること
- 住宅資金や生活資金の貸付けなど福利厚生の実施の条件を男女で異なるものとすること
- 雇用形態の変更（パートへの変更など）について男女で異なる取扱いをすること
- 退職勧奨、定年、契約更新（雇止めなど）、解雇にあたって、男女のいずれかを優先すること

　たとえば、男性は外勤業務に従事させ、女性は内勤業務に従事させることや、女性のみ一定の年齢を達したことを理由に一定の役職までしか昇進できないものとすることや、女性のみ正社員からパートへの変更を強要することなどが、男女雇用機会均等法で禁止される差別となります。

　なお、以上の男女雇用機会均等法で禁止されている性別による差別が行われていると認められる場合、会社側の措置は不法行為に該当します。したがって、差別を受けた労働者は、会社に対して不法行為に基づく損害賠償を請求することができます。

40

また、男女雇用機会均等法で禁止されている性別による差別の下で行われた配置転換や解雇などは無効となります。

　さらに、男女雇用機会均等法に違反した事実が公表されることもあります。

● 間接差別の禁止

　間接差別とは、性別以外の事由を要件として、一方の性の構成員に対して、他の性の構成員と比較して相当程度の不利益を与えるものを、合理的理由なく講じることをいいます。厚生労働省令では、合理的な理由のない限り、以下の３つのケースが間接差別として禁止しています。

① 労働者の募集・採用にあたって、労働者の身長、体重または体力を要件とすること

② 労働者の募集・採用、昇進、職種の変更にあたって、転居を伴う転勤に応じることができることを要件とすること

③ 労働者の昇進にあたって、転勤の経験があることを要件とすること

　結婚や妊娠・出産を理由とする不利益取扱いの禁止

　女性であるという理由で、婚姻（結婚）、妊娠、出産をきっかけにして退職を迫られることは許されてはなりません。男女雇用機会均等法９条は、女性労働者を対象とする「婚姻、妊娠、出産等を理由とする不利益取扱いの禁止等」を規定しています。具体的には、以下の事項が禁止される不利益取扱いにあたります。なお、妊娠中や産後１年以内の女性労働者の解雇は、原則として無効とされています。

・婚姻・妊娠・出産を退職理由として予定する定めを置くこと

・婚姻を理由に解雇すること

・妊娠、出産、産前産後休業の請求や取得などを理由に解雇などの不利益取扱いをすること

　現実には会社の慣行などを理由に女性労働者を説得し、合意退職に持ち込む場合があります。しかし、婚姻、妊娠、出産などを理由とす

第1章　職場のハラスメントの現状　**41**

る退職勧奨は違法性が強いと言わざるを得ません。退職した本人が合意退職の効力を争うつもりがない場合はともかく、いったん退職に合意したとしても、後でこれを撤回したときには、撤回を認めなければならないケースもあります。結婚退職の慣行を理由に任意退職を迫られ、やむなく合意した退職を無効とした裁判例もあります。

　また、妊娠中の軽作業への転換をきっかけにした降格措置が、原則として不利益取扱いに該当するとした裁判例もあります。しかし、労働者が業務内容の説明を受け、自らの意思で降格に承諾していたと認められる事情があり、会社側の業務遂行上の必要性や、労働者が受ける不利益の程度を考慮して、男女雇用機会均等法が不利益取扱いを禁止している趣旨に実質的に反することにならない場合には、例外的に不利益取扱いにあたらないと判断しています。

● 職場におけるハラスメント防止対策の強化

　近年、職場におけるさまざまなハラスメントが大きな問題になっており、会社にとっても、職場秩序の乱れや業務への支障が生じることや、貴重な人材の損失につながるものであるため、会社の社会的評価にも悪影響を与える大きな問題となっています。そのため、令和2年（2020年）6月1日に施行された改正男女雇用機会均等法は、職場におけるハラスメント防止対策を強化する規定を新たに設けています。

　まず、パワーハラスメントやマタニティハラスメントと同様に、労働者がセクシュアルハラスメントに関する相談等を行うことに躊躇することがないように、事業主は、労働者がセクシュアルハラスメントに関する相談をしたことや、セクシュアルハラスメントに関する相談を受けた事業者がその対応に協力した際に事実を述べたことを理由として、その労働者に対して解雇その他不利益な取扱いをしてはならない旨の規定が設けられました。

　また、自社の労働者等が他社の労働者にセクシュアルハラスメント

を行った場合、その事業主（会社）は、他社から雇用管理上の措置の実施（事実確認等）に関して必要な協力を求められた場合に、これに応じる努力義務を負う旨の規定も設けられました。

　さらに、パワーハラスメントやマタニティハラスメントと同様に、セクシュアルハラスメントに関する国、事業主および労働者の責務が明確化されました。具体的には、セクシュアルハラスメント等は行ってはならないこと等に対する関心と理解を深めることや、他の労働者に対する言動に注意を払うこと等を、これらの関係者の責務として明記されました。

　その他にも、セクシュアルハラスメント等の調停制度について、紛争調整委員会が必要だと認めた場合は、関係当事者の同意があるかどうかにかかわらず、職場の同僚等も参考人として出頭の求めや意見聴取が行えるよう対象者が拡大されています。

■ 男女雇用機会均等法による職場のハラスメント防止対策の強化

- 労働者が職場でのセクハラ等を相談したこと等を理由とする不利益取扱いの禁止
- 自社の労働者等が他社の労働者にセクハラを行った場合における、他社への協力（努力義務）
- セクシュアルハラスメント等に関する国、事業主および労働者の責務の明確化
- 調停の出頭・意見聴取の対象者の拡大

Column

労働者のメンタルヘルスに関する個人情報の管理と規制

　メンタルヘルスケアを行う際には、健康情報を含む労働者の個人情報の保護に配慮する必要があります。個人情報の保護に関しては、個人情報保護法が規制を設けています。具体的には、個人情報を取り扱う事業者（個人情報取扱事業者）は、利用目的の達成に必要な範囲内で個人情報を利用しなければなりません（18条）。利用目的を明示して個人情報を入手した後、その個人情報を他の目的のために利用することは、法令に基づく場合などを除いて許されません。

　また、事業者は、偽りその他不正の手段で個人情報を取得してはならず、要配慮個人情報（メンタルヘルスに関する情報はこれに該当します）は、法令に基づく場合などを除いて、本人の同意を得ずに取得してはいけません（20条）。ただし、本人の生命や身体を守るために健康情報を用いる緊急の必要があり、本人の同意を得ている余裕がない場合は、本人の同意がなくても健康情報を用いることができます。

　なお、労働者の健康情報の取得・開示については、厚生労働省が公表している「労働者の心の健康の保持増進のための指針」でも触れられています。指針によると、事業者は、情報を取得する目的を労働者に明らかにして、あらかじめ承諾を得ることが必要です。また、これらの情報を実際に取得する場合、可能であれば労働者本人から提供してもらうことが望ましいとされています。さらに、個人情報保護の観点からは、労働者の健康情報を扱うことが許される者を、あらかじめ事業所内の規程で定めておく必要があります。

　この他、個人情報を取り扱う場合、その個人情報の内容は、正確な状態を保つことが求められます（22条）。また、個人情報の流出を防止し、個人情報を紛失しないよう、適切な措置を講じなければなりません（23条）。さらに、その個人情報の対象である本人の求めにより、個人情報の開示・訂正・削除などに応じることが要求されています。

第2章

セクハラ・マタハラの法律知識

職場におけるセクシュアルハラスメントとはどのような行為なのか

異性間だけでなく同性間であってもセクハラは成立することに注意

● 職場におけるセクシュアルハラスメント（セクハラ）とは

　職場におけるセクシュアル・ハラスメント（セクハラ）とは、職場において行われる、労働者の意に反する性的な言動により、その労働者が労働条件について不利益を受けたり、就業環境が害されることです。職場におけるセクハラには、「対価型」と「環境型」の2つの類型があります。

　「対価型」は、職場において行われる労働者の意に反する性的な言動に対する労働者の対応により、当該労働者が解雇、降格、減給等の不利益を受けることをいいます。「環境型」は、職場において行われる労働者の意に反する性的な言動によって労働者の就業環境が不快なものとなったため、能力の発揮に重大な悪影響が生じる等、当該労働者が就業する上で看過できない程度の支障が生じることをいいます。

　セクハラの範囲は非常に幅広く、「まだ結婚しないの」「髪がきれいだね」など、世間話の一環のつもりでかけた言葉でも、セクハラと判断されることがあります。つまり、わいせつな言動でなくても、「労働者の意に反する性的な言動」に該当すればセクハラと判断される可能性があります。

　セクハラは被害者を不快・不安にさせる許せない行為であるとともに、企業内秩序を乱す行為です。そのため、男女雇用機会均等法11条は、職場でセクハラが行われないようにするための必要な体制の整備などを事業主に義務付けています（雇用管理上講ずべき義務）。

　職場とは、勤務先だけでなく、取引先の事務所や出張先も含みます。また、セクハラの被害者となる労働者には、正社員だけでなく、パートタイム労働者・契約社員なども含みます。労働者派遣法により、事

業主は、派遣労働者に対しても、セクハラ防止について自社の労働者と同様の措置をとらなければなりません。

　セクハラの程度によっては、被害者に対して損害賠償責任を負ったり、名誉毀損などの犯罪が成立する場合があります。さらに、強制わいせつ罪などの犯罪行為に該当する場合もあり、その場合の加害者は、捜査機関に逮捕・勾留されたり、刑事裁判で有罪判決を受けたりする可能性があります。

● セクハラの対象は女性や異性間だけではない

　セクハラが発生する原因のひとつに、誤った認識の存在が挙げられます。たとえば、被害者が女性である場合に、極端なミニスカートを履いており、セクハラをするように誘っていたと主張する加害者がいます。また、被害者が抵抗しなかったため、同意があると思ったと主張する加害者もいます。そのため、職場で発生するセクハラの多くが、男性社員から女性社員に対して行われるケースが多いことは否定できません。しかし、女性社員だけでなく男性社員に対するセクハラ被害を訴えるケースも増えてきたことから、現在の男女雇用機会均等法は、男性に対するセクハラも対象に含めています。さらに、異性間だけでなく同性間の言動であってもセクハラは成立します。

■ 職場におけるセクシャルハラスメントの2類型（対価型と環境型）

対価型 セクシュアル ハラスメント	職場において行われる労働者の意に反する性的な言動に対する労働者の意に反する性的な言動に対する労働者の対応により、当該労働者が解雇、降格、減給等の不利益を受けること
環境型 セクシュアル ハラスメント	職場において行われる労働者の意に反する性的な言動により労働者の就業環境が不快なものとなったため、能力の発揮に重大な悪影響が生じる等、当該労働者が就業する上で看過できない程度の支障が生じること

こんな行為がセクハラに該当する

就業環境を悪化させるような行為もセクハラに該当することがある

● セクハラの判断基準とは

　セクハラになるかどうかについて、厳密な判断基準があるわけではありません。基本的には、被害者にとって性的に不快な言動だと受け止められ、被害者に対し不快感、脅威、屈辱感を与えるものであれば、セクハラに該当すると判断される傾向があります。

　特に職場での行為がセクハラにあたるのか否かについては、一般に①労働者に意思に反するような性的な言動にあたるか否か、②その言動によって職場環境が侵害されたか否か、という主に2つの観点から判断されています。セクハラの被害を受けたとされる労働者が「不快な言動と受け止めたか」という主観的判断が尊重されることは言うまでもありません。しかし、いかなる言動が職場におけるセクハラに該当するのかについて一定の基準を設けることは、セクハラ対策を講じる企業側にもメリットが大きいといえます。

① 　労働者の意思に反するような性的な言動

　これは標準的男女を基準に判断されます。つまり、多くの人が「不快な言動と受け止める」と感じる場合には、行為者の言動は「労働者の意思に反するような性的な言動」にあたることになります。

② 　職場環境の侵害

　①が主観的基準であるのに対して、客観的基準として用いられるのが、行為者の言動によって「職場環境の侵害」があったか否かという基準です。一般的には、嫌がる労働者に対して身体的な接触を伴って行われるものは、それが1回限りでも職場環境の侵害が認められやすい傾向にあります。これに対し、直接的な身体的な接触があるわけで

はなく、その行為が繰り返されることによってセクハラになるような言動である場合には、労働者が中止を求めたにもかかわらず繰り返された時点で、職場環境の侵害が認められる傾向があります。

● 職場におけるセクハラには対価型と環境型の2種類がある

セクハラには、性的な言動に反抗する態度を示すことで被害者が労働条件などの仕事面で不利益を受ける「対価型」セクハラと、労働者の就業環境を不快なものにする「環境型」セクハラがあります。以下、それぞれの例について説明します。

【対価型セクハラの例】
① **性的な関係を求めたが断られたため、部下の給料を下げる**

部下の賃金の額を決定する権限をもっている会社の人間が、部下に対して性的な関係を求めて、それが断られたために部下の給料を下げたとしたら、その行為はセクハラに該当します。当然、「性的な関係に応じなければ、給料を下げる」と部下を脅して性的な関係を強要する行為もセクハラに該当します。

② **性的な関係を求めたが断られたため、仕事を与えない**

性的な関係に応じないことの報復として、仕事面で不利益を与えたとしたら、それはセクハラ行為に該当します。①では、不利益な例として給料を挙げましたが、給料以外にも仕事面での不利益の例は存在します。

たとえば、性的な関係を断られた腹いせに、部下に仕事を回さないようにすることは、セクハラに該当します。

もちろん、「性的な関係に応じなければ、仕事を回さないぞ」とか「私の要求を受け入れなければプロジェクトチームから外すぞ」と脅して、性的な関係を強要することもセクハラに該当します。

性的な関係を断られた場合の報復として仕事面で何らかの不利益を

第2章　セクハラ・マタハラの法律知識　49

与えたり、性的な関係に応じなければ仕事面で何らかの不利益を与えると脅しているので、このような行為は対価型セクハラになります。

③　就職活動中の学生に対する性的な関係の強要

　企業の採用担当者が、就職活動中の学生に対して「性的な関係に応じなければ、採用しない」と脅す行為はセクハラになります。企業の採用担当者が、自分の権限を悪用して、就職と引き換えに性的な関係を迫っているので、対価型セクハラに該当します。

④　取引先による性的な関係の強要

　セクハラは、同じ職場の中でだけ起こるとは限りません。勤めている会社のお得意様となっている取引先の担当者によってセクハラが行われることもあります。たとえば、「性的な関係に応じなければ、取引を打ち切る」などの面要求をしてきた場合には、それはセクハラに該当します。これは「取引」を対価として性的な関係を強要する対価型セクハラになります。

⑤　学生に対する性的な関係の強要

　教授が学生に対して性的な関係を強要することもセクハラに該当します。たとえば、教授が学生に対して「性的な関係に応じなければ単位を与えない」と脅す行為はセクハラに該当します。他にも、推薦状などと引き換えに性的な関係を要求するケースもあります。

【環境型セクハラの例】

①　水着・ヌードポスターを掲示すること

　水着ポスターやヌードポスターが職場に貼られていると、それを不快に感じる従業員もいます。水着・ヌードポスターが不快な掲示物だと感じる従業員がいるのであれば、水着・ヌードポスターが職場の環境を悪化させていることになります。そのため、水着・ヌードポスターの掲示は環境型セクハラに該当します。

②　「彼氏はいないか」「彼女はいないか」と執拗に聞く

恋人の有無を聞くこともセクハラになる場合があります。恋人がいるかどうかは仕事には関係がありません。それにもかかわらず、恋人の有無を執拗に聞くと、聞かれた側の感情を害してしまいます。そのため、恋人の有無を執拗に聞くことは環境型セクハラに該当します。

③　男女関係についての噂話をすること

社内のAさんとBさんが交際しているとか、社内のCさんとDさんが将来的に交際しそうだ、などと噂することはセクハラになります。噂をしている人たちは楽しいのかもしれませんが、噂される側の立場からは、不快な感情を持つことになるので、特に社内の男女関係についての噂話をすることは環境型セクハラに該当します。

④　「不倫をしている」「異性関係が派手」と噂をすること

③の「男女関係についての噂話をすること」と似ていますが、「社内のAさんが不倫をしている」などと噂をすることは③よりも悪質なセクハラです。なぜなら、不倫や派手な異性関係が噂になると、噂の対象となった当事者の名誉が汚されてしまうからです。そのため、「誰々は不倫をしている」「誰々の異性関係は派手だ」などと噂をすることは、③よりも悪質な環境型セクハラに該当します。

⑤　容姿について論評すること

「○○さんはスタイルが抜群だ」「○○さんはぽっちゃりしている」などと容姿について論評することもセクハラになる場合があります。容姿について当事者が気にしているなら、それを論評することで当事者の感情が害されてしまいます。そのため、容姿について論評することは環境型セクハラに該当します。

⑥　結婚や出産について尋ねること

「いつ結婚するのか」「出産の予定はあるのか」などと尋ねることはセクハラに該当する場合があります。結婚や出産は、当事者にとってデリケートな問題です。それにもかかわらず、結婚や出産について周囲が執拗に質問すると、当事者は不快に感じます。そのため結婚や出

第2章　セクハラ・マタハラの法律知識　51

産について執拗に尋ねることは、環境型セクハラに該当します。

⑦　**不必要にボディタッチをすること**

　女性の胸や太ももに触れることは当然セクハラに該当しますが、それ以外でも不必要に体に触れるとセクハラに該当する場合があます。ボディタッチをする側からすれば、コミュニケーションのつもりかもしれませんが、体に触れられる立場の人間は不快に感じます。そのため、不必要なボディタッチを繰り返すのは環境型セクハラになります。

⑧　**裸芸を強要する、裸芸をする**

　まず、男性の部下に対して裸芸を強要することは環境型セクハラになります。部下の立場からすると、やりたくもない裸芸をやらされることになり、著しく不快を感じるからです。

　これに対し、男性が喜んで裸芸をやっていたとしても、それを見た女性は不快に感じます。そのため、男性が積極的に裸芸をやっていたとしても、その行為は女性に対する環境型セクハラになります。

⑨　**酒の席で酌を強要する**

　お酒の席で女性に酌をさせることもセクハラになる場合があります。かつては「女性が酒の席で男性にお酌をするのは当然だ」と考える風潮がありました。しかし、お酌をすることで女性が不快に感じるのであれば、お酌を強要することは環境型セクハラになります。

● セクハラになるかどうか微妙な行為とは

　次に、セクハラになるかどうかが微妙な行為、あるいはセクハラと疑われる可能性がある行為の具体例を紹介します。

①　**部下の女性を「○○ちゃん」と呼ぶ**

　親しみをこめて、相手の女性のことを「○○ちゃん」と呼ぶことがあるかもしれません。しかし、不必要に馴れ馴れしくされると、相手の女性は不快に感じることがあります。そのため、部下の女性のことを「○○ちゃん」と呼ぶことがセクハラになる可能性があります。

② 気に入っている異性を仕事上で優遇する

　人事考課において、気に入っている異性をプラス査定することはセクハラを疑われる行為です。適正な評価に基づいた査定ならよいのですが、気に入っている異性だからという理由だけで評価を決めてしまうと、周囲の人間はセクハラを受ける対価としてプラス査定を得ているのだと考えるでしょう。

　また、後の人事考課でその異性の査定をマイナスにしてしまうと、周囲の人間はセクハラ行為を拒絶されたから報復として人事考課でマイナス査定がされたのだと考えてしまいます。

③ 従業員を食事・打ち上げに誘う

　従業員を食事や打ち上げに誘うことは、原則としてセクハラには該当しません。ただし、上司が部下を誘っている場合には、部下の立場からすると上司の誘いを断ることができない場合も少なくありません。そのため、本当は誘いを断りたいと考えている部下を無理に参加させてしまうことがないよう注意する必要があります。

■ 職場におけるセクハラ行為の判断基準 …………………………

職場における行為が
セクハラにあたるのか

❶ 「労働者の意思に反するような性的言動」にあたるのか

⇒ 標準的な男女の感覚から判断して、「不快な」言動といえるか否か

❷ 「職場環境の侵害」にあたるか否か

⇒ ● 身体的な接触は1回でも職場環境の侵害が肯定される場合がある

● その他の行為は、中止を求めても繰り返された場合（執拗な場合）に職場環境の侵害が肯定される

また、食事や打ち上げを行う店の選定にも注意する必要があります。普通のレストランや宴会場であれば問題はないのですが、カップルを主なターゲットとする店を選ぶと、それを不快に思う従業員が出る可能性があります。食事や打ち上げの目的は従業員の親睦を深めるという点にありますので、その趣旨に沿った店を選ぶことが必要です。

④　服装を注意する

　お客様に対応する業務などにおいては、従業員がどのような服装をしているかが会社にとって非常に重要になります。そのため、原則としては、服装を注意することは仕事をする上で必要な指導として許されます。ただし、注意の方法は気をつけなければいけません。あくまでも業務に必要であるという観点から、服装についての注意をする必要があります。たとえば、「その服装は彼氏は喜ぶかもしれないけど…」などと前置きして注意をすることは避けるべきです。従業員の服装が、どのような理由で業務上不適切かを簡潔に説明して、その上で注意をするべきです。

⑤　従業員と不倫をする

　不倫は離婚原因になるなど非常に問題のある行為ですが、犯罪行為に該当せず、双方の同意に基づいて行われていますので、不倫の相手を不快にさせるものではなく、セクハラには該当しません。

　しかし、上司と部下の関係にある者が不倫をしていた場合、部下の側が上司の要求を断れずに不倫をしているということも少なくありません。また、現状では双方の同意のもとに不倫が行われていたとしても、二人の関係が破たんした後に同意があったことを証明することは容易ではなく、セクハラを疑われてしまいます。

③ 企業はセクハラ防止のためにどんな措置を講じる義務があるのか

セクハラの発生を防止するとともに発生した場合の対応窓口を整える

● セクハラ防止について企業側が負う義務

　男女雇用機会均等法は、セクハラ被害を訴えた労働者が、労働条件その他により不利益を受けることがないように、事業主（企業側）に対し、相談窓口の設置を含めて、労働者からの相談に応じ、適切に対応するのに必要な体制を整備することを義務付けています。そして、具体的な措置については、厚生労働大臣が定める指針に従う必要があるとしています。ここでは、厚生労働大臣の指針の内容に沿って、企業側が講じるべき義務の内容について詳しく見ていきます。

● 具体的にどのような措置をとる必要があるのか

　厚生労働大臣が定める指針においては、セクハラ対策として企業側が講じるべき義務を、大きく4種類に分類しています。さらに、この4種類の措置を細かく分類して、一般に合計10項目について、企業側が抑えるべきポイントがあるといわれています。

・企業側の方針の明確化、方針の周知・啓発

　企業側はセクハラ防止に関する方針を定め、その方針を労働者に対して周知・徹底するために以下の措置を講じる必要があります。

① 　セクハラに該当する行為を明示するとともに、セクハラ行為が禁止であることを明確にする。

② 　セクハラの行為者には厳正に対処するとの方針や、その対処の内容について、就業規則その他の服務規程などの文書に明示する。

・労働者の相談・苦情に対応するための体制の整備

　セクハラ被害に遭った労働者は、企業側に相談する際に、専用の窓

第2章　セクハラ・マタハラの法律知識　**55**

口が明確であるとともに、プライバシーへの配慮がなされており、安心して相談できる場所の存在を希望しています。そこで企業側は、具体的に以下の措置をとる必要があります。

③　セクハラ被害に対する、相談対応を行う担当者が明確であり、面談の他にも電話やメールなど、さまざまな方法により相談を受けることができる体制を構築すること。

④　実際に相談を受けた際に、企業側は真摯に相談者の話に耳を傾け丁寧に聴き、相談者の意向などを把握しなければならない。実際にセクハラが行われている場合以外にも、セクハラに該当するか否かの判別が困難なケースも含めて、広く相談を受け付ける必要がある。

・セクハラが実際に発生した場合の迅速な対応

　　セクハラについて被害労働者から相談を受けた場合には、以下のように、迅速に事実関係を確認するとともに、被害労働者に対して適切な配慮を行う必要があります。

⑤　被害労働者とセクハラを行ったとされる労働者の双方から意見を聴き、中立的な立場から事実関係を把握・整理すること。

⑥　聴き取りの結果、セクハラの存在が認められた場合には、被害労働者とセクハラの行為者を引き離すために配置換えを実施するなどの労務管理上の措置を行う。あわせて、ケースによっては被害労働者のメンタルヘルス悪化を防ぐために、保健スタッフへの相談をあっせんするなどの措置をとること。

⑦　セクハラの行為者に対しては、就業規則その他の服務規程などに基づく懲戒処分などの措置を講じるとともに、被害労働者への謝罪などについても企業側が仲介する。

⑧　再発防止に向けた措置を実施すること。特に、上記①の企業側の指針について、社内パンフレットやホームページなどに掲載することによって、改めてセクハラが禁止されていることや、セクハラの行為者には厳正に対処することを周知する必要がある。

・その他の措置

労働者が安心して、セクハラ被害を訴えることができるように、以下のように、セクハラ被害に関するプライバシー保護を徹底する必要があります。また、セクハラ被害を訴えたことにより、労働条件など、さまざまな面で不利益な取扱いが行わないことも重要です。

⑨　セクハラ被害の相談にあたり、あらかじめプライバシー保護に関するマニュアルなどを作成の上で、労働者に周知すること。

⑩　セクハラ被害の相談などをしたことを理由に、解雇などの不利益な取扱いが行われないことを明示し、労働者に周知すること。

　以上の会社側がとるべき措置について「いつの時点まで」に措置を講じなければならない、という明確な基準があるわけではありません。もっとも、職場でのセクハラについて被害者が訴訟を提起するに至った場合、行為者の損害賠償責任が追及されるだけでなく、会社側が損

■ 事業主が講ずべきセクハラ対策 ……………………………………

① セクシュアルハラスメントの内容・セクシュアルハラスメントがあってはならない旨の方針を明確化し、周知・啓発すること

② 行為者については、厳正に対処する旨の方針・対処の内容を就業規則等に規定し、周知・啓発すること

③ 相談窓口をあらかじめ定めること

④ 窓口担当者は、内容や状況に応じ適切に対応できるようにする他、広く相談に対応すること

⑤ 相談の申出があった場合、事実関係を迅速かつ正確に確認すること

⑥ 事実確認ができた場合は、行為者および被害者に対する措置をそれぞれ適切に行うこと

⑦ 行為者を懲戒に処し、被害者に謝罪させる

⑧ 再発防止に向けた措置を講ずること

⑨ 相談者・行為者などのプライバシーを保護するために必要な措置を講じ、周知すること

⑩ 相談したこと、事実関係の確認に協力したことなどを理由として不利益取扱いを行ってはならない旨を定め、周知すること

第2章　セクハラ・マタハラの法律知識　　57

害賠償責任を追及される場合もあります（64ページ）。

　特に、会社側がセクハラを認識することが可能であったにもかかわらず、適切な対処を行わずに放置していたケースでは、被害者に対する会社側の損害賠償責任が肯定されやすい傾向にあります。

　その一方で、セクハラの行為者（加害労働者）への対処についても注意が必要です。会社側が行為者によるセクハラの存在について認識していた場合には、その内容・程度に照らして、懲戒処分など相応の措置を講じる必要があるためです。ただし、行為者の言い分を聴取する機会を与えることなく、被害者の言い分のみを根拠として懲戒処分とした場合には、後の裁判によって事実関係の全部または一部が否定され、その懲戒処分の有効性が覆る可能性があります。

　なお、事業所内でのセクハラの存在について、会社側が認識する機会があったとはいえない場合には、被害者からの責任追及に対して免責される可能性が高いといえます。

● 注意しなければならない点とは

　セクハラにあたるかどうかの判断については、男女の認識の仕方によってもセクハラと感じるかどうかは変わってきます。そのため、労働者の感じ方を重視しつつも、一定の客観性を考慮した上でセクハラにあたるかどうかを判断することになります。

　一般的な女性労働者の感じ方・一般的な男性労働者の感じ方を基準にセクハラにあたるかどうかを考えることになりますが、実際にはセクハラにあたるかどうかの判断はケース・バイ・ケースで行っていくことになるでしょう。

　なお、セクハラの場合、男性が加害者、女性が被害者というケースが目立ちますが、女性から男性に対するセクハラや同性間のセクハラも想定されます。会社側は女性社員だけでなく男性社員もセクハラによる被害を受けないような体制を構築しなければなりません。

相談 密室で起こったセクハラ行為はどうなるのか

Case 先日、入社４年目の従業員Ａさんから、Ｂ課長からセクハラを受けたので損害賠償を請求する旨の内容証明郵便が送られてきました。そこで、Ａさんに対する聴き取り調査を行いました。

聴き取り調査で、Ａさんは「Ｂ課長は１年ほど前から、私の腰や胸を触るなどのセクハラを始めました。ただ、セクハラは、私がコピー室で１人になったときなど、他に見ている人がいない場所で行われていたので、目撃者はいないと思います。また、半年ほど前から、仕事の打ち合わせと称してＢ課長は私の自宅を何度も訪れていました。Ｂ課長は上司なので、玄関先で追い返すわけにもいきませんでした。自宅に上げると、Ｂ課長は私にいきなり抱きつくなどのセクハラをしてきました。私は結婚していますが、夫でもない男が何度も私の自宅を訪れていたので、近所に住んでいるＣさんやＤさんは不審に思っていたようです。私は、Ｂ課長からセクハラを受けていることを、私の夫Ｅや同僚のＦさんに相談し、泣き寝入りしてはダメだと言われ、Ｂ課長が私に対してセクハラをしていることを訴える内容証明郵便を送りました」と主張しました。

このＡさんの主張をＢ課長に確認したところ、Ｂ課長は、「Ａさんが言っていることはすべてデタラメです。私はＡさんにセクハラをしたことはなく、Ａさんの自宅を訪問したこともありません」と反論しました。Ａさんは、裁判も辞さない考えのようです。ＡさんとＢ課長の主張は食い違っていますが、裁判になったらどうなるのでしょうか。また、会社としてはどうすべきでしょうか。

回答 裁判になった場合、裁判所は証拠や証言をもとに、どのような事実があったのかを判断します。しかし、今回のケースでは、セクハラの事実を証明する客観的証拠に乏しいので、Ａさんとしては、自

第2章　セクハラ・マタハラの法律知識　**59**

身や関係者の証言を中心に、セクハラの事実を立証する必要があります。

　今回のケースでは、Ｂ課長のＡさんに対するセクハラを直接目撃した人が誰もいません。密室でセクハラが行われているので、どのようなセクハラが行われたのかを知っているのは、当事者のＡさんとＢ課長だけです。そこで、Ａさんは、自身や関係者の証言を中心に、Ｂ課長がどのようなセクハラを行ったのかを立証することになります。

　しかし、密室でセクハラが行われたからといって、第三者の証言を用いることができないわけではありません。Ａさんは、夫であるＥさんや同僚のＦさんにセクハラ被害を相談していますので、ＥさんやＦさんに裁判で証言してもらうことができます。

　また、ＣさんやＤさんの証言も裁判で用いることができます。ＣさんやＤさんは、セクハラを直接目撃したわけではありませんが、Ｂ課長がＡさんの自宅に入っていくところは見ています。そのため、「Ｂ課長がＡさんの自宅に入っていくところを見た」と証言してもらえれば、Ｂ課長がＡさんの自宅に行ったことがあることを証明できます。Ｂ課長は、Ａさんの自宅に行ったことすらないと主張していますが、ＣさんやＤさんの証言が本当ならば、Ｂ課長はウソをついていることになるので、裁判に大きな影響を与えることが予想されます。

　会社としては、まずは調査を行い、事実関係を明らかにすることが必要です。裁判になれば、Ａさんがセクハラの証拠を集める義務を負いますが、事実関係が明らかにならなければ、問題の解決にはなりません。会社としても、従業員に聴き取り調査を実施するなど、真実を明らかにするよう努めることが必要です。

相談　セクハラ被害者への退職勧奨はどこまで許されるのか

Case　Ａさんは、入社して２年になる私の勤務する会社の従業員でした。Ｂ課長はＡさんのことを気に入って、Ａさんの体に必要以上に

触れたり、Ａさんが嫌がっているのに執拗にデートに誘うなどのセクハラを行っていたようです。Ａさんは、Ｂ課長のセクハラに悩み、会社のセクハラ窓口担当者Ｃに相談し、Ａさん、Ｂ課長、担当者Ｃの3人で話し合いを行いました。その話し合いの場で、ＡさんはＢ課長のセクハラ行為を担当者Ｃに訴えたのですが、Ｂ課長は「確かにＡさんの体に触れるなどしたが、セクハラをしたつもりはない。入社して間もないＡさんに対して指導・叱咤激励するつもりでやったことだ」と弁解しました。担当者Ｃは、事を大きくする必要もないだろうと考え、Ｂ課長に対し「誤解を招くような行動は慎んでください」とだけ言い、その話し合いを終わらせました。

　しかし、話し合いの後、Ｂ課長は、Ａさんに対して「私が君の体に触っても君は嫌がっていなかった。本当は君は私に対して好意をもっているんだろう」と発言したようです。この発言にＡさんは激怒し、ＡさんとＢ課長は互いに口を聞かなくなり、社内の雰囲気が悪くなってしまいました。この状況をみた人事担当者Ｄは、社内の雰囲気を悪化させたのはセクハラに怒っていたＡさんに原因があると考え、Ａさんに退職するよう言いました。当初、Ａさんは退職を拒んでいましたが、人事担当者Ｄは、Ａさんに「自主的に退職しなくても、解雇する可能性がある」と告げました。これを聞いて、Ａさんは自主的に退職しました。会社の対応は適切だったのでしょうか。

回答　退職勧奨は、従業員が任意に（自らの意思の下で）退職することを促す行為です。退職勧奨をする中で、会社側が従業員を騙したり脅迫したりすることで、結果的に従業員が退職の意思を示した場合には、従業員が任意に退職したことにはなりません。この場合、従業員の退職は、自らの意思に基づかないものとして、裁判などで取り消される（または無効となる）可能性が高くなります。

　今回のケースでは、人事担当者Ｄは、Ａさんに対して「退職しなけ

第2章　セクハラ・マタハラの法律知識　　**61**

れば解雇する可能性がある」といい、解雇を恐れたＡさんを退職に追い込んでいます。つまり、Ａさんは人事担当者Ｄに脅されて退職の意思を示したといえるので、Ａさんの退職は、自らの意思に基づいていないものとして、後から取り消される可能性があります。

　さらに、会社側は、労働契約の付随的な義務として、従業員が働きやすい環境を整える義務（職場環境整備義務）を負っています。今回のケースでは、Ａさんがセクハラを受けていますが、セクハラが行われるような職場は、従業員にとって働きやすい環境にあるとはいえません。Ａさんは、セクハラ相談窓口にＢ課長のセクハラを相談していますが、窓口担当者ＣがＢ課長に対して厳重に注意したり、会社がＢ課長に対して懲戒処分を行ったりしていれば、今回のような事態（Ａさんが退職せざるを得なくなったような事態）は防げた可能性があります。そのため、会社は、職場環境整備義務を怠り、Ａさんのセクハラ被害を防止できなかったのですから、Ａさんに対して損害賠償責任を負います。この場合の損害賠償責任は、会社の労働契約上の義務違反（債務不履行）を根拠とするものです（65ページ）。

　また、人事担当者ＤがＡさんを脅して退職に追い込む行為は、不法行為に該当するため、Ａさんが退職せざるを得なかった点につき、人事担当者Ｄが不法行為に基づく損害賠償責任を負うとともに、会社が使用者責任に基づく損害賠償責任を負います（64ページ）。

　そもそも、セクハラの被害者の主張に対しては、十分に耳を傾ける必要があります。会社がセクハラ防止のための対策を十分に講じていれば、今回のような事態は防ぐことができたはずです。落ち度のないセクハラの被害者を退職に追い込む行為も許されません。会社としては、新たにセクハラ防止の対策を講じて、セクハラの被害者を守るための体制を整えることが必要です。

セクハラについて加害者と会社はどのような責任を負うのか

加害者だけでなく会社も損害賠償責任を負うことがある

● セクハラ行為をした加害者はどんな責任を負うのか

　セクハラの加害者は、まず、刑事上の責任を負う可能性があります。

　たとえば、無理やりに女性の胸に触ったりした場合、強制わいせつ罪（刑法176条）が成立する可能性があります。

　また、被害者が嫌がる性的な言葉を発した場合には、名誉毀損罪（刑法230条）や侮辱罪（刑法231条）が成立することもあります。たとえば、職場の中で、「あの人は不倫をしている」「あの人の異性関係は乱れている」などと噂をするような場合です。

　さらに、セクハラ行為の際に暴力を伴っていれば、暴行罪（刑法208条）や傷害罪（刑法204条）が成立します。

　このように、加害者がどのような内容のセクハラを行ったかによって、さまざまな犯罪が成立する可能性があります。

　さらに、セクハラの加害者は、民事上の責任を負う可能性があります。具体的には、不法行為（民法709条）に基づく損害賠償責任として、加害者は被害者が被った損害を賠償する必要があります。セクハラの被害者は、加害者によるセクハラによって精神的な苦痛を受けています。そのため、加害者は、被害者が被ったこの精神的な損害を賠償するために慰謝料を支払うことになります。

　精神的な苦痛以外にも被害者に損害が生じているケースもあります。たとえば、「あの人は不倫をしている」などと噂をしたことで、被害者に対する周囲の評価が下がった場合には、被害者は名誉を汚されるという損害を受けています。このとき、セクハラの加害者は、名誉を汚された損害についても賠償する必要があります。

その他にも、セクハラの加害者は会社から何らかの処分を受ける可能性が高くなります。通常は、セクハラは就業規則の懲戒事由に該当しますので、加害者は懲戒処分を受けることになります。

● 職場のセクハラについて会社はどんな責任を負うのか

会社は、民事上の責任（民法などの私法に基づく責任のこと）として使用者責任（民法715条）を負います。使用者責任とは、従業員が不法行為（他人の権利や利益を侵害する行為のこと）により他人に損害を与えた場合、その使用者である会社も従業員とともに損害賠償責任を負うという制度です。セクハラは不法行為に該当しますので、セクハラの被害者に対して、会社は、セクハラの加害者である従業員とともに損害賠償責任を負うことになります。

ただし、使用者責任が認められるのは、セクハラの加害者である従業員の行為が「事業の執行」に関して行われた場合に限られます。つまり、従業員が業務に関連する行為の中で、被害者に対してセクハラに及んだ場合のみ、会社が使用者責任を負うということです。たとえば、ある労働者が上司である地位を利用して、他人に対してセクハラを行っていた場合には、「事業の執行」に関連してセクハラが行われたと評価できます。

また、使用者責任については免責される場合もあります。具体的には、会社がセクハラの加害者である従業員に対する監督義務を果たしたと評価できる場合には、監督義務について「注意を尽くした」と評価されるため、会社は使用者責任を免れます。もっとも、会社が「注意を尽くした」と認められることは、裁判などではほとんどなく、会社が使用者責任を免責されるケースはほとんどありません。

なお、使用者責任は特別な不法行為責任として民法で規定されていますが、雇用契約（労働契約）に基づく責任として、被害者である従業員が会社側に損害賠償請求を行うことも可能です。どちらも損害賠

償責任を追及する点では同様ですが、使用者責任は不法行為に及んだ加害者の使用者として監督義務があることに基づく責任です。これに対し、雇用契約に基づく責任の場合は、会社側自身の責任が追及されるため、構造が異なっている点に注意しなければなりません。

具体的には、会社は、従業員との雇用契約に基づく付随義務として、従業員が働きやすい労働環境を形成する義務を負っています。そして、セクハラが行われる職場は労働者にとって働きやすい環境とはいえないので、会社は、雇用契約に基づく義務を履行していないことを理由として、債務不履行責任を負う可能性があります（民法415条）。

さらに、会社は男女雇用機会均等法による雇用管理上の措置義務を負っています。会社内でセクハラがあり、厚生労働大臣の指導にも従わなかった場合には、会社名が公表されます。

■ 被害者の加害者・会社に対する責任の追及

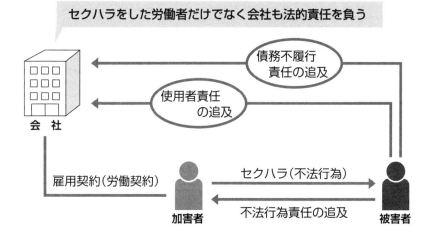

第2章　セクハラ・マタハラの法律知識

相談 育児休業と不利益取扱い

Case 育児休業を取得した労働者について、復帰の際に以前の職とは異なる部署に配属することは許されないのでしょうか。

回答 育児休業を取得した労働者に対し、事業主（企業）が育児休業取得前後で異なる取扱いをした場合には、育児・介護休業法10条が禁止する不利益取扱いに該当する可能性があります。具体的には、育児休業の申出や取得を理由にして、解雇、雇止め（有期労働契約の契約を更新しないこと）、正社員から非正規社員への変更、降格、減給、不利益な人事評価・配置変更などをした場合には、不利益取扱いとして育児・介護休業法に違反し、そのような行為は無効になります。

本ケースのように、育児休業を取得した労働者が復職するにあたり、以前とは異なる部署に配置される場合、以前の部署よりも労働条件などが劣悪である場合には、不利益な配置変更にあたり、育児・介護休業法に違反して無効になる可能性があります。

ただし、厚生労働省の通達によると、以下の2つの場合には、育児休業取得に関連して企業側がとった行動が、例外的に不利益取扱いの対象から除かれます。

① **業務上の必要性から、やむを得ず不利益取り扱いをせざるを得ない場合**

ⓐ円滑な業務運営や人員の適正配置の確保など、業務上の必要性から支障があるため、不利益取扱いをせざるを得ない場合であって、ⓑその業務上の必要性が、その不利益取扱いによって受ける影響を上回ると認められる特段の事情が存在する場合には、例外的に不利益取扱いを行うことが許されます。

② **労働者が不利益取扱いを受けることを同意している場合**

労働者が不利益取扱いに同意しているのを前提として、育児休業や

不利益取扱いにより受けるメリットが、不利益取扱いにより受けるデメリットを上回り、不利益取扱いについて企業側から労働者に対して適切に説明がなされるなど、一般的な労働者であれば同意するような合理的理由が客観的に存在する場合、例外的に不利益取扱いを行うことが許されます。

相談　派遣社員に対してもセクハラ対策の責任を負うのか

Case　私の勤務するＡ会社の正社員（男性）が、Ｂ会社から派遣された派遣社員（女性）の胸を触るなどのセクハラを行ったようです。この場合、Ａ会社は、正社員の行為について何らかの法的責任を負うのでしょうか。派遣社員はＢ会社と雇用契約を結んでいるので、Ａ会社は関係ないようにも思えるのですが。

回答　派遣先の会社（Ａ会社）は、正社員だけでなく、派遣社員（派遣労働者）に対してもセクハラ対策を講じる必要があります。労働者派遣法47条の2では、セクハラへの対応については、派遣元の会社（Ａ会社）に加えて、派遣先の会社にもセクハラ防止措置義務に関する男女雇用機会均等法の規定が適用されるとしています。具体的には、派遣先の会社は、性的な言動により派遣社員の就業環境が害されることがないように、雇用管理上の必要な措置を講じる義務（セクハラ防止措置義務）を負っていることから、セクハラを受けた派遣社員は、派遣先の会社にも派遣元の会社にも被害を訴えることが可能です。

　そのため、Ａ会社でも、派遣社員に対するセクハラが起こらないような措置を講じる義務がありますし、セクハラを受けた派遣社員の相談に応じるなどの措置も講じる義務があります。また、Ａ会社は派遣社員に対して損害賠償責任を負う可能性もあり、派遣社員との間で雇用契約を結んでいないからといって、Ｂ会社がセクハラについて何も

第2章　セクハラ・マタハラの法律知識　**67**

法的責任を負わないということはありません。

相談　男性へのセクハラ行為とはどんなものなのか

Case　私が代表取締役を務める会社には、入社３年目になるＡ君（男性）がいます。Ａ君はおとなしい人で、頼まれたら断れないという性格の持ち主でした。そのためか、会社で行われる宴会では、場を盛り上げるためにＡ君はよく裸踊りを頼まれており、Ａ君はそれを断らずいつも裸踊りをしていました。また、Ａ君は顔立ちが整っているので、Ａ君の上司であるＢさん（女性）に気に入られ、二人で頻繁にデートに行っていたようです。

　ところで、先日Ａ君から私に対して、セクハラはもうやめてほしいという訴えがありました。「裸踊りもＢさんとのデートも、頼まれたので嫌々やっていたが、これ以上やりたくない」とのことでした。確かに、Ａ君が嫌だと感じていることを無理やり押しつけるのはよくないとは思うのですが、Ａ君は男性です。男性がセクハラの被害者になることはあり得るのでしょうか。

回答　男女雇用機会均等法では、事業主の義務として、職場においてセクシャルハラスメントを防止する措置（セクハラ防止措置）を講じることを規定しています。そして、セクハラの被害者を女性に限定していませんので、女性だけなく男性もセクハラの被害者になり得ることが前提です。しかし、セクハラの被害者の数は、男性より女性の方が圧倒的に多いのが現状であるため、男性がセクハラの被害者となる事例が想像しにくいかもしれません。そこで、ここでは男性に対するセクハラの具体例を紹介します。

① **女性の上司が部下の男性に性的関係を求める**

　女性の上司が、お気に入りの部下の男性に対して性的な関係を強要

することはセクハラになります。上司と部下の関係にあり、男性の側が女性の要求を断りにくい状況にあるために発生するセクハラです。

② 男性社員の服を脱がせる

忘年会などの宴会を盛り上げるため、裸踊りなどをさせるために男性社員の服を脱がせるケースがあります。服を脱がせることは男性社員に対するセクハラです。男性社員が服を脱ぎたくないと考えていても、上司がそれを強要すれば、男性社員は従わざるを得ません。そのため、男性社員の服を脱がせることはセクハラになります。

③ 「男らしくない」「男のくせに」などと発言する

これらの発言は、男性であることのみを理由として、男性を非難するものです。男性であるという属性だけで非難されれば、当然ながら男性は不快に感じるでしょう。そのため、これらの発言はセクハラになります。

④ プライベートな買い物に男性の部下を付き合わせる

気に入っている男性の部下をプライベートでの買い物に付き合わせることは、基本的にはセクハラになります。男性の上司が女性の部下を執拗にデートに誘うことはセクハラになりますが、女性の上司が男性の部下に同じような行動をとったとしてもセクハラになります。

⑤ 恋人がいるかどうかを執拗に聞く

女性に対して恋人がいるのかどうかを聞くのと同様に、男性に対して恋人がいるのかどうかを聞くことも、仕事に直接関係のない性的な嫌がらせとなり、セクハラになる場合があります。

A君は、上記の①・②・④に該当する形態のセクハラを受けていたと考えられます。会社（代表取締役を含めた管理者）としては、宴会で裸踊りを要求することを止めるよう周知徹底するとともに、Bさんに対してA君をデートに誘わないよう注意することが必要です。

第2章　セクハラ・マタハラの法律知識　　**69**

相談 LGBTに対するセクハラ

Case ある男性社員に対して、上司が「お前はゲイみたいな恰好をしているな」と発言しました。この発言がセクハラにあたる場合があるのでしょうか。

回答 職場におけるセクハラについて検討する際に、性的多様性にも配慮する必要があります。昨今ではLGBTに対するセクハラも問題として認識されるようになっています。LGBTとは、同性愛者の女性（レズビアン）、同性愛者の男性（ゲイ）、異性と同性の両方を恋愛対象とする男女（バイセクシュアル）、性同一性障害など出生時の性別（身体の性別）と自己の認識する性別（心の性別・性自認）に隔たりがある男女（トランスジェンダー）の頭文字をとった表現です。

LGBTは社会的偏見にさらされてきたという経緯があります。したがって、労働者がLGBTであることを本人の意思に反して他の労働者に暴露する行為は、社内で偏見に基づく差別的取扱いを生じさせる可能性があり、このような行為はセクハラに該当するといえます。

その他、本ケースのように、LGBTであることが社会的に非難される場合があることを前提に、「ゲイみたいな恰好」をしているなどの言葉を浴びせる行為は、厚生労働省の指針によれば、セクハラに該当する許されない行為にあたります。特に言葉を浴びた労働者本人が実際にLGBTであるか否かは問わないことが重要です。LGBTを差別する言動それ自体がセクハラにあたるということです。

また、男女雇用機会均等法は、異性間だけでなく、同性間のセクハラも存在することを前提にして、事業主に対してセクハラ防止の雇用管理上の措置義務があることを規定しているため、本ケースの上司が男性であってもセクハラにあたることは変わりありません。

セクハラ問題が発生したときの対処法を知っておこう

まずは相談しやすい環境づくりをする

● 働きやすい職場とは

　労働者が就職先を探す際に検討する条件には、仕事内容の他、給与・労働時間・休日などの勤務形態、職場環境、福利厚生などがあります。これらの条件はもちろん重要ですが、いざ就職して仕事を続けていくにあたって最も重要なのは、職場での人間関係でしょう。

　どんなに好きな仕事でも、セクハラやパワハラといった嫌がらせの問題が起きると、仕事を続けるのが大変つらく、心身の健康を損なうことさえあります。そのような問題がない職場を探したいですが、残念ながら外部からはわかりにくいものです。

　働きやすい職場の条件の一つとして、セクハラやパワハラなどの被害に対して、会社がどのような対策（措置）を講じているのかという点が重要となります。

　適切な対策を講じている職場においては、「セクハラやパワハラをしないようにする」「セクハラやパワハラは許さない」という意識が職場内に強く存在し、予防効果が期待できるため、働きやすい職場につながります。

● セクハラの相談を受けたら会社は具体的に何をすべきか

　セクハラの相談を受けた場合には、まず、相談窓口の担当者や人事担当者が、相談者から相談内容を詳細に聞き、事実確認を行う必要があります。

　セクハラ被害の相談は、相談者にとっても非常に勇気がいるものであり、無関係の従業員には聞かれたくないものですので、他の従業員

に話が聞こえないよう、社内の会議室などの個室でヒアリングをする必要があります。

　ヒアリングの際には、途中で「勘違いではないのか」などと相談者の話を疑う言葉を投げかけたり、「よくある話で大したことはない」と相談者の悩みを否定したりすることはせず、最後まで十分に話をしてもらうようにしましょう。相談者は一人で悩んで、意を決して信頼できると思える相手を選んで、相談を持ちかけているはずです。不用意な対応をすると、その信頼を裏切ることにもなりかねませんので、慎重に対応すべきでしょう。

　相談者からヒアリングを行った後は、事実確認を行う必要があります。当事者の一方のみの話を聞くだけで対応を決めることはできません。加害者とされている人の他、事情を知っていそうな同僚などからも話を聞き、相談者から聴取した内容と整合するか、食い違いはないか等をしっかりと確認します。この事実確認は、社内にセクハラ対策の窓口などがある場合は、その担当者が対応し、それがない場合には人事担当者が行うことが一般的です。

　関係者のヒアリングによる事実確認を行った結果、セクハラ被害の事実があると認められる場合には、これ以上セクハラ被害が起きないように、加害者への注意・警告や懲戒処分を行うことを検討します。また、被害の拡大防止に向けて、社内で同様の被害が起きないよう対策を講じる必要があります。

● 経営者や管理者の注意すべき点とは

　男女雇用機会均等法により、職場におけるセクハラ対策の実施は、事業主の義務にあたります。これを受けて、厚生労働省は「事業主が雇用管理上講ずべき措置」を公表し、会社の事情に応じた対策を実施するよう促しています。特に経営者や管理者はこの内容を知り、セクハラの防止措置を講じなければなりません。その主な内容としては、

以下のようなものがあります。

① セクシャルハラスメントに対する事業主の方針を明確にすること

　事業主（会社）がセクハラに対してどのような姿勢で臨むのかということを明確にすることが重要です。会社としての意思は、社内の意識を改革する力を持っています。事業主が「セクハラに対し、厳格な姿勢で臨む」と表明することで、セクハラ対策をより効果的なものにすることができます。

　セクハラに対する基本方針については、管理者をはじめすべての労働者に対して周知徹底することが必要です。特に、セクハラ防止の観点からは、セクハラ行為者に対しては、厳しい懲戒処分などがあることを事前に示しておくことが有効です。基本方針に沿って、セクハラ行為者に対して、いかなる処分が加えられるのかを、あらかじめ就業規則などで定めておく必要があります。

② 相談窓口を設置するなど、必要な体制を整備すること

　セクハラの被害は、被害者と加害者の二者の間で行われることも多く、なかなか表面に見えてこないというのが実情です。そこで重要になるのが、被害者からの訴えです。ただ、被害者にも社内での立場がありますし、性的な問題は羞恥心などもあって声に出すにはかなりの勇気と覚悟が必要になります。このため、専門の相談窓口を設置するなど、被害者が相談しやすい環境を整えることが必要になります。

③ セクハラ問題が起きた場合に迅速かつ適切な対応をすること

　相談窓口に相談が届いたら、できるだけ迅速に事実関係を調査し、適切な対応をしなければなりません。被害者が相談をもちかけるときには、すでに事態が深刻化していることも多く、あまり時間をかけて対処しようとすると、ますますこじれることもあります。内容によってはどうしても長引くことがあるかもしれませんが、おおむね３か月をめどに解決をはかるようにするべきでしょう。このとき、経営者や管理者に対しては、事実を把握できるようなしくみをつくり、今後同

第2章　セクハラ・マタハラの法律知識　73

じような問題が起こらないように対策を講じる、当事者のプライバシーが漏えいしないように配慮する、当事者に必要以上の不利益が生じないように職場を監督する、といったことが求められます。

● セクハラの加害者である従業員への注意・指導の際の注意点ついて

上司が部下に対して業務上の注意・指導を行う際、上司が男性であり、部下が女性である場合には、注意や指導の仕方によっては、セクハラの問題が発生しかねません。

男性上司としては、セクハラ問題に発展することを恐れるあまり、女性である部下に対して本来行うべき注意をすることができなかったり、業務上必要な指導がしにくいといった事態が起こることは望ましくありません。

セクハラと指摘されないよう配慮しながら女性社員に対して注意や指導を行う方法としては、次のようなことが考えられます。

① セクハラとなり得る表現は絶対に使用しない

仕事上のミスや怠慢な態度などに対し、思わず感情的になって嫌みを言ったり怒鳴ってしまうということはよくありますが、感情にまかせてものを言うと、ついよけいなことを言ってしまいがちです。たとえば、同じミスを何度も繰り返す社員に「だから女は使えないんだ、さっさと結婚でもしてやめてしまえ」と怒鳴ったり、休憩時間を過ぎてもなかなか化粧室から帰ってこない社員に「そんなに厚塗りしたって美人になれるわけじゃないんだからさっさと戻って仕事しろ」などと言うのは明らかにセクハラに該当します。

感情を押さえ、ミスを繰り返さない方法を伝えたり、「化粧直しは休憩時間内にすませてください」など必要なことだけを端的に伝えるように心がけるようにしましょう。

② 間接的に注伝える

注意や指導をする際に、男性の上司のみで行うのではなく、同性の

指導的立場にある先輩の女性社員が一緒に対応したり、文書や電子メールを使って間接的に指導するのも一つの方法でしょう。

● セクハラ被害を拡大させないために必要なこと

　セクハラは隠れて行われることも多く、被害者は自らに加えられた被害の内容などを明らかにせねばならず、被害を訴えることだけでも、非常に負担が大きいといえます。このように、勇気を振り絞って立ち上がった労働者の声に対して、企業側が何ら対応をしないという行為は、いわば企業側による新たなセクハラ被害ということもでき、セカンドハラスメントとも呼ばれています。

　また、相談に応じた場合であっても、適切な措置をとることを怠った場合には、セクハラ被害が拡大するおそれがあります。この場合も、セカンドハラスメントの問題が生じる可能性があります。たとえば、被害を訴えた後も、被害を訴えた労働者と、セクハラの加害労働者を同一の部署で働かせることは、裁判などで違法になるか否かは別として、企業側の対応としては不十分といわざるをえません。

■ 事業主が雇用管理上講じるべき措置 ……………………………

事業主の 方針の明確化と その周知	① 職場のセクハラに対する事業主の基本方針の決定・周知 ② セクハラ行為者に対する懲戒処分などの内容などに関する 　就業規則への定め
相談に応じるた めの体制の整備	③ 相談窓口の設置と労働者への周知 ④ 相談窓口担当者の適切な対応・苦情などを含む幅広い相談 　に応じること
職場で発生した セクハラに対す る事後の迅速・ 適切な対応	⑤ 事実関係の迅速・正確な確認 ⑥ 被害者に対する適正な配慮 ⑦ 行為者に対する措置の適正な実施 ⑧ 再発防止に向けた措置の実施
その他の措置	⑨ 相談者・行為者のプライバシー保護に必要な措置 ⑩ 相談者・協力者に対する不利益な取扱いの禁止

第2章　セクハラ・マタハラの法律知識

6 セクハラを防止するためにはどうしたらよいか

まずは周知することが重要

● 事前予防するにはどんなことが必要か

　セクハラを防止するためにまず必要なことは、どのような行為がセクハラにあたるのか、セクハラを誘発する発言や行動にはどういうものがあるか、セクハラ問題が起こることによってどんな影響があるのかということを周知徹底することです。

　ある程度セクハラの概念が定着してきた昨今では、ボディタッチや性的関係の強要といった行為がセクハラにあたるということは常識として理解されているでしょう。しかし「きれいな脚だね」「女の割には優秀だ」といった発言の場合、男性側はむしろ褒めたつもりだったり、冗談の範囲内だろうなどと考えて、深刻に受け止めていないこともあります。確かにこのような内容であれば、言われた女性側も相手や状況によって好意的に受け取ることもありますから、一概には言い切れませんが、セクハラにあたる可能性は十分にあります。

　さらに、最近では妊娠・出産・育児休業の取得をめぐるセクハラの発生も多くなっています。妊娠・出産・育児休業に関するセクハラの発生は、他のセクハラの発生原因とは異なる背景が潜んでいます。女性の妊娠・出産に際しては、育児休業の取得をはじめ、さまざまな配慮が必要になります。たとえば、これらの配慮のために担当業務が増えた他の労働者が、妊娠・出産に対する嫌がらせ目的から性的な言動を繰り返すのは、セクハラにあたると考えられます。

　このタイプのセクハラが発生する背景には、セクハラの行為者の個人的な考え方だけでなく、妊娠・出産に関する会社内の体制に不備があることで、妊娠・出産に起因するセクハラなどを誘発する職場環境

になっている場合があります。妊娠・出産に伴う育児休業の取得などの制度は、労働者の権利であるとともに、その利用方法などを労働者に周知することが重要です。注意が必要なのは、妊娠・出産をする女性に対する言動だけでなく、男性の育児休業の取得などに対する言動がセクハラにあたる場合があるということです。

この点は、男女雇用機会均等法により、事業者に対し、妊娠・出産などに関するハラスメント（セクハラ以外にマタハラなども含みます）の防止措置義務（雇用管理上の措置義務）が課せられていますので、会社側には適切な対処が求められます。

その他、女性が胸元のあいたトップスやミニスカートなど職場にそぐわない服装をしていたため、これが性的な発言を誘発するケースもあります。恋愛関係にあった男女の別れ話のもつれから、セクハラに発展することもあるようです。つまり、普通の労働者であっても、いつの間にセクハラ加害者になったり、セクハラをしやすい状況を形成したりする可能性があります。そのような事態を予防するには、会社側が積極的に啓発活動をする必要があるといえるでしょう。

■ セクハラを防止するための対策

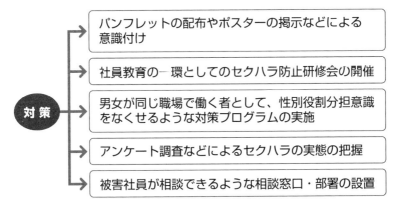

第2章　セクハラ・マタハラの法律知識

啓発活動の一環として、セクハラの具体的内容を知ってもらうための方法としては、次のようなものがあります。

① **パンフレットの配布やポスターの掲示**

セクハラの具体的事例を示したパンフレットを配布したり、セクハラを禁ずる旨のポスターなどを掲示したりすることによって、労働者に意識付けをします。これにより、会社がセクハラに対して厳しい態度で臨むという姿勢を労働者に示すこともできます。

② **研修会の開催**

社員教育の一環として、セクハラ防止の研修会を行います。労働者のセクハラに対する認識度をはかり、セクハラをしないよう注意喚起する他、セクハラの被害者となった場合の対処方法、セクハラ問題が起こることで職場に与える影響などを指導します。これにより、社員全体にセクハラを予防しようという意識付けができます。

③ **アンケートを実施して会社内の状況を把握する**

セクハラの実態を知るためのアンケート調査を実施します。これにより、労働者のセクハラに対する認識度をはかる他、セクハラの自覚のない加害者や声を出せない被害者の存在を把握し、被害の拡大を防止する効果も期待することができます。

● 加害者にならないためにどんなことを心がけるべきか

セクハラ被害が明らかになっても、セクハラをする明確な意図が加害者に存在するケースの方が稀であり、実際には「そんなつもりはなかった」「この程度の行為ならば許されると思った」などと考えているケースが多いといえます。

セクハラの加害者にならないための重要なポイントとして、セクハラにあたるか否かの判断にあたっては、基本的に「被害者側の主観」が重視されることを認識しておくことです。特に相手の身体に接触した際に、その相手が「止めてください」と言った場合には、明確な拒

否の意思表示があるため、行為者も相手が嫌がっていることを認識することができます。この場合、同様の行為を繰り返してはならないことは言うまでもありません。

　しかし、相手方が明確に拒否する意思表示を示していないとしても、セクハラにあたるケースがあります。セクハラを明確に拒否しないことと、それを受け入れることとは別問題であるのを認識しておかなければなりません。特に職場で生じるセクハラ問題は、上司から部下に対して行われるケースが相当数存在します。この場合、セクハラの被害に遭う部下は、上司に強く反発する行為に抵抗を覚えるため、内心では嫌だと思っているにもかかわらず、その場で上司に訴えることができず、同様のセクハラが繰り返されるために、後に深刻なトラブルに発展してしまうということも考えられます。

　したがって、セクハラの加害者にならないためには、相手が嫌がる行為をしないことは当然の前提です。それ以上に、セクハラに該当するおそれがある行為をあらかじめ把握しておき、相手から誤解されるような言動を慎しむことが、セクハラの加害者にならない上で非常に重要なポイントになります。

　職場の環境を和ませようと、はじめは冗談などを言っていたところ、その場のはずみでセクハラに該当するような言動をしてしまうケースも存在します。職場の同僚同士あるいは上司と部下との間で、円滑なコミュニケーションを図ることは、業務の効率向上にもつながる重要な要素です。しかし、コミュニケーションの場が、宴席など職場外である場合には、特に身体的接触が生じる危険性が高まるとともに、妊娠・出産など労働者個人のプライバシーに関わる話題の中で、執拗に問いただす行為などが、セクハラに該当する行為に至ってしまうことも考えられます。したがって、職場の中ではもちろん、職場以外の場所においても、労働者同士の適切な距離感を保った言動を心がけることが、セクハラの加害者とならないためには重要です。

第2章　セクハラ・マタハラの法律知識　　79

7 マタニティハラスメントについて知っておこう

不利益取扱い型と嫌がらせ型に分類できる

● マタニティハラスメントとは

　マタニティハラスメント（マタハラ）とは、簡単にいえば、職場における妊娠、出産等に関するハラスメントのことです。男女雇用機会均等法によって具体的な定義が定められており、マタハラは「職場の女性労働者に対し、妊娠したこと、出産したこと、産前産後休業その他の妊娠・出産に関する制度や措置を利用したこと、その他の妊娠・出産に関する事由に関する言動によって、その女性労働者の就業環境が害されること」をいいます。

　厚生労働省の指針（「事業主が職場における妊娠、出産等に関する言動に起因する問題に関して雇用管理上講ずべき措置等についての指針」）によれば、マタハラは、①「制度等の利用への嫌がらせ型」と、②「状態への嫌がらせ型」の2類型に分けられます。①は、女性労働者が産前産後休業などの、妊娠・出産に関する制度または措置を利用したことに関する言動によって就業環境が害される形式のマタハラをいいます。②は、女性労働者の妊娠・出産に関する事由に関する言動によって就業環境が害される形式のマタハラをいいます。

● どのような言動がマタハラに該当するのか

　マタハラ指針で挙げられている①の「制度等の利用への嫌がらせ型」の例としては、以下のものがあります。
・解雇その他不利益な取扱いを示唆するもの
　女性労働者が、産前産後休業などの、妊娠・出産に関する制度等の利用の請求等をしたい旨を上司に相談したことや、実際に制度等の利

用の請求等をしたこと、または制度等を利用したことを理由として、上司がその女性労働者に対し、解雇その他不利益な取扱いを示唆することがこれに該当します。

・制度等の利用請求等または制度等の利用を阻害するもの

　女性労働者が、産前産後休業などの、妊娠・出産に関する制度等の利用の請求等をしたい旨を上司に相談したところ、上司がそのような請求等をしないように言うことがこれに該当します。

　また、実際に女性労働者が妊娠・出産に関する制度等の利用の請求等をした場合に、上司がその請求等を取り下げるように言うことや、同僚が繰り返しまたは継続的にその請求等を取り下げるように言うこともこれに該当します。

　さらに、妊娠・出産に関する制度等の利用の請求等をしたい旨を同僚に伝えた女性労働者に対して、その同僚が繰り返しまたは継続的にそのような請求等をしないように言うこともこれに該当します。

・制度等の利用をしたことにより嫌がらせ等をするもの

　女性労働者が、産前産後休業などの、妊娠・出産に関する制度等の

■ **厚生労働省のマタハラ指針によるマタハラの分類と具体例** …

分　類	具体例
制度等の利用への嫌がらせ型	・産前産後休業を利用したい旨を上司に伝えたところ、上司から産前産後休業を利用するなら辞めてもらう旨の発言があった ・女性労働者が産前産後休業の利用の請求をしたところ、同僚からその請求を取り下げるように何度も言われた
状態への嫌がらせ型	・上司に妊娠を報告すると、「代わりの人を雇うから、早めに辞めてもらうしかない」と言われた ・妊娠をした女性労働者。上司の命令によって継続的に雑務に従事させられた

第2章　セクハラ・マタハラの法律知識　　**81**

利用をしたことによって、上司や同僚がその女性労働者に対し、繰り返しまたは継続的に嫌がらせ等（嫌がらせ的な言動や、業務に従事させないことまたはもっぱら雑務に従事させること）をすることがこれに該当します。

　次に、マタハラ指針で挙げられている②の「状態への嫌がらせ型」の例としては、以下のものがあります。

・解雇その他不利益な取扱いを示唆するもの

　女性労働者が妊娠等したことにより、上司がその女性労働者に対して解雇その他不利益な取扱いを示唆することがこれに該当します。この場合も、1回だけの言動でもマタハラに該当しうることになります。

　たとえば、上司に妊娠を報告すると、上司から「代わりの人を雇うから、早めに辞めてもらうしかない」と言われた場合などが典型的な例です。

・妊娠等したことにより嫌がらせ等をするもの

　女性労働者が妊娠等したことによって、上司や同僚がその女性労働者に対し、繰り返しまたは継続的に嫌がらせ等をすることがこれに該当します。

● 妊娠・出産等を理由とする不利益取扱いも禁止されている

　男女雇用機会均等法9条は、妊娠・出産等をした女性労働者について、そのことを理由とした解雇などの不利益取扱いを禁止しています。

　このような不利益取扱いも、広い意味でマタハラに含めることもあります。

　不利益取扱いの例としては、妊娠・出産等した契約社員について契約の更新をしないこと、妊娠・出産等した正社員をパートタイム労働者とする旨の労働契約の内容の変更を強要すること、降格させること、減給すること、ボーナスをカットすることなどが挙げられます。

マタハラに関して企業はどのような措置を講じる必要があるのか

厚生労働省のマタハラ指針に定められた措置を講じる必要がある

● 企業がマタハラを防止するために雇用管理上講じるべき措置とは

　男女雇用機会均等法11条の3は、事業主に対し、職場におけるマタハラを防止するために雇用管理上必要な措置を講じなければならないと定めています。この「雇用管理上必要な措置」の具体的な内容については、厚生労働省が定めるマタハラ指針（「事業主が職場における妊娠、出産等に関する言動に起因する問題に関して雇用管理上講ずべき措置等についての指針」）において、以下のような内容が定められています。

① **事業主（企業）の方針等の明確化およびその周知・啓発**

　事業主である企業は、職場におけるマタハラの内容、妊娠・出産等に関する否定的な言動がマタハラの原因や背景となり得ること、マタハラを行ってはならない旨の方針や、女性労働者は妊娠・出産等に関する制度等を利用できる旨を明確にし、管理監督者を含む労働者に周知・啓発すること、が必要であるとされています。また、職場におけるマタハラに該当する言動を行った者については、厳正に対処する旨の方針および対処の内容を、就業規則などの文書に規定し、管理監督者を含む労働者に周知・啓発しなければならないとされています。

　なお、周知・啓発にあたっては、マタハラの防止の効果を高めるために、マタハラの発生原因や背景について労働者の理解を深めることが重要であるとされています。

　この方針の明確化と労働者への周知・啓発の例としては、就業規則の他に、職場における服務規律などの文書や社内報、パンフレット、社内ホームページなどによって、企業の方針と制度等の利用ができる

第2章　セクハラ・マタハラの法律知識

旨を規定した上で、マタハラの内容やその背景等を労働者に対して周知・啓発するための研修や講習等を実施することなどが挙げられています。

② **相談（苦情を含む）に応じて適切に対応するために必要な体制の整備**

　企業は、労働者からのマタハラに関する相談（苦情を含む）に対して、その内容や状況に応じて適切かつ柔軟に対応するために、相談への対応のための窓口をあらかじめ定めて労働者に周知するとともに、この相談窓口の担当者が相談に対してその内容や状況に応じて適切に対応できるようにしなければならないとされています。

③ **マタハラに関する事後の迅速かつ適切な対応**

　企業は、マタハラに関する相談の申出があった場合に、その事実関係の迅速かつ正確な確認および適切な対処として、以下の措置を講じなければならないとされています。

　まず、相談窓口の担当者や人事部門などが、マタハラの相談者および行為者の双方から事実関係の聴き取りを行うなどによって、マタハラ事案に係る事実関係を迅速かつ正確に確認することが必要です。

　次に、事実関係の確認によってマタハラの事実が確認できた場合には、速やかに被害者に対する配慮のための措置を適正に行うとともに、マタハラの行為者に対する措置を適正に行うことが必要です。

　さらに、マタハラに対する企業の方針を社内報やパンフレット等に改めて掲載して配布することや、研修、講習などを改めて実施することなどによって、改めてマタハラに関する方針を周知・啓発する等の再発防止に向けた措置を講じる必要があります。なお、マタハラの事実が確認できなかった場合においても、同様の措置を講じなければならないとされています。

④ **マタハラの原因や背景となる要因を解消するための措置**

　企業は、マタハラの原因や背景となる要因を解消するために、業務体制の整備など、その企業や妊娠等をした労働者、その他の労働者の

■ 企業がマタハラに関して雇用管理上講じなければならない措置

企業が講じるべき措置	具体的な内容
① 方針等の明確化およびその周知・啓発	・職場におけるマタハラの内容、妊娠・出産等に関する否定的な言動がマタハラの原因や背景となり得ること、マタハラを行ってはならない旨の方針を明確にする ・女性労働者は妊娠・出産等に関する制度等を利用できる旨を明確にする ・厳正に対処する旨の方針および対処の内容を、就業規則などに規定し、管理監督者を含む労働者へ周知・啓発する
② マタハラに関する相談（苦情を含む）に応じて適切に対応するために必要な体制の整備	・相談窓口をあらかじめ定めて労働者に周知 ・相談窓口の担当者が相談に対してその内容や状況に応じて適切に対応できるようにする
③ マタハラに関する事後の迅速かつ適切な対応	・事実関係を迅速かつ正確に確認する ・マタハラの事実が確認できた場合には、速やかに被害者に対する配慮のための措置を適正に行うとともに、マタハラの行為者に対する措置を適正に行う・改めてマタハラに関する方針を周知・啓発する等の再発防止に向けた措置を講じる（マタハラの事実が確認できなかった場合も、同様の措置を講じる）
④ マタハラの原因や背景となる要因を解消するための措置	・業務体制の整備など、その企業や妊娠等をした労働者、その他の労働者の実情に応じて、適切な業務分担の見直しや業務の点検による業務の効率化等、必要な措置を講ずる
⑤ ①から④までの措置と併せて講ずべき措置	・相談への対応やマタハラに関する事後の対応にあたっては、相談者・行為者等のプライバシー保護のために必要な措置を講ずるとともに、その旨を労働者に対して周知する ・労働者がマタハラに関する相談等をしたことを理由として、解雇その他不利益な取扱いをされない旨を定め、労働者に周知・啓発する

実情に応じて、必要な措置を講じなければならないとされています。

　たとえば、妊娠等した労働者の周囲の労働者への業務の偏りを軽減するよう、適切な業務分担の見直しを行うことや、業務の点検を行って業務の効率化等を行うことが挙げられています。

⑤　①から④までの措置と併せて講ずべき措置

　企業は、①から④までの措置を講ずるに際して、併せて以下の措置を講じなければならないとされています。

　まず、マタハラに関する相談者・行為者等の情報は、それらの者のプライバシーに属するものであることから、相談への対応やマタハラに関する事後の対応にあたっては、相談者・行為者等のプライバシーを保護するために必要な措置を講ずるとともに、その旨を労働者に対して周知しなければなりません。

　また、労働者がマタハラに関する相談をしたことや、企業による事実関係の確認等に協力したこと、都道府県労働局に対して相談・紛争解決の援助の求め・調停の申請を行ったことや調停の出頭の求めに応じたことを理由として、解雇その他不利益な取扱いをされない旨を定めて、労働者に周知・啓発する必要があります。

第3章

パワハラの法律知識

1 職場におけるパワハラとパワハラ防止法について知っておこう

職場内の相手への優位的な関係を背景に相手の就業環境を害する行為

● 職場におけるパワーハラスメント（パワハラ）の内容

　職場におけるパワーハラスメント（パワハラ）とは、職場において行われる①優越的な関係を背景とした言動であって、②業務上必要かつ相当な範囲を超えたものにより、③労働者の就業環境が害されるものであって、この①から③の３つの要素をすべて満たすものをいいます。そのため、たとえば客観的にみて業務上必要かつ相当な範囲で行われる適正な業務指示や指導については、職場におけるパワハラには該当しないことになります。

　厚生労働省は、パワハラ指針（「事業主が職場における優越的な関係を背景とした言動に起因する問題に関して雇用管理上講ずべき措置等についての指針」）において、パワハラの成立要件について以下のように規定しています。

① **優越的な関係を背景とした言動**

　職場におけるパワハラの要件である「優越的な関係を背景とした言動」とは、行為を受ける労働者が行為者に対して抵抗または拒絶することができない可能性が高い関係に基づいて行われる言動のことをいいます。

　ここでいう「優越的な関係」は、業務上の地位だけでなく、人間関係や専門知識、経験などによるさまざまな優位性を含みます。そのため、上司から部下に対する言動だけではなく、同僚間の言動や、部下から上司に対する言動、非正規社員から正社員への言動も、パワハラとなり得ることに留意が必要です。

② **業務上必要かつ相当な範囲を超えたもの**

　職場におけるパワハラの要件である「業務上必要かつ相当な範囲を

超えたもの」とは、社会通念に照らし、その行為が明らかに業務上の必要性がない、またはその態様が相当でないものであることを意味します。そのため、その言動に客観的な業務上の必要性があり、態様が社会通念上相当である場合には、受け手が不満を感じても、パワハラには該当しないことになります。

　上司の部下への指導や注意のすべてがパワハラにあたるわけではありません。特に管理職の労働者（管理者）は、他の労働者を教育・指導するのが業務であるため、教育・指導をする上で部下の業務遂行について叱責せざるを得ない状況もあるでしょう（作業中の危険行為に対する叱責など）。そのため、適正な業務として行われる教育・指導と、許されない行為であるパワハラとを区別することが重要です。

③　就業環境が害されること

　職場におけるパワハラの要件である労働者の「就業環境が害される」とは、行為を受けた者が、身体的もしくは精神的に圧力を加えられて負担と感じること、または行為を受けた者の就業環境が不快なものとなったため、能力の発揮に重大な悪影響が生じるなど、その労

■ 事業主のパワハラ防止の措置義務

労働施策総合推進法の改正（パワハラ防止法）

パワハラ防止措置が事業主の義務となった

「事業主が職場における優越的な関係を背景とした言動に起因する問題に関して雇用管理上講ずべき措置等についての指針」に基づく防止措置の内容

　① 事業主の方針等の明確化及びその周知・啓発
　② 相談に応じ、適切に対応するために必要な体制の整備
　③ 職場におけるパワハラについて事後の迅速かつ適切な対応
　④ 相談者・行為者のプライバシー保護など

者が就業する上で看過できない程度の支障が生じることを意味します。

「就業環境が害される」かどうかは、その労働者がどう感じたかのみを基準とするのではなく、「平均的な労働者の感じ方」、つまり、「同様の状況で当該言動を受けた場合に、社会一般の労働者が、就業する上で看過できない程度の支障が生じたと感じるような言動であるかどうか」を基準とすることが適切であるとされています。

● パワハラ防止法はどんなことを規定する法律なのか

「パワハラ防止法」とは、「「労働施策の総合的な推進並びに労働者の雇用の安定及び職業生活の充実等に関する法律」（労働施策総合推進法）のことです。令和元年（2019年）5月の改正によって、会社などの事業主に対してパワハラ防止のための雇用管理上の措置が義務付けられたことを契機として、労働施策総合推進法のことを「パワハラ防止法」と呼ぶようになりました。

パワハラ防止法は、職場におけるパワハラについて事業主に雇用管理上必要な措置（パワハラ防止措置）を講じることを義務付けるとともに、事業主に相談したこと等を理由とする不利益取扱いも禁止しています。

パワハラ防止法の目的は、パワハラ被害に遭う労働者の保護にありますが、パワハラ対策について労働者の側にも一定の責務を負わせている点に注意が必要です。

パワハラ対策における国・事業主・労働者の責務について、パワハラ防止法は以下のように規定しています。

・国の責務

国は、労働者の就業環境を害するパワハラに該当する言動や、そのような言動に起因する問題などのパワハラ問題（優越的言動問題）について、事業主や一般の国民の関心と理解を深めるために、広報活動、啓発活動などの措置を講ずるように努めなければなりません。

・事業主の責務

　事業主は、職場でのパワハラ問題について、雇用する労働者の関心や理解を深めていくことや、自分の会社の労働者が取引先や他の会社の労働者などに対する言動に必要な注意を払うことなどについて、研修の実施その他必要な配慮をするように努めなければなりません。また、国が講ずるパワハラ問題に関する広報活動や啓発活動に協力するように努めなければなりません。

　さらに、労働者に対してだけではなく、事業主（法人である場合は役員）自らにおいても、パワハラ問題に対する関心と理解を深め、労働者に対する言動に必要な注意を払うことに努めなければなりません。研修を行うなどのパワハラ問題に対する事業主の責務を果たしていないことによって、実際にパワハラ問題が発生したときには、場合によっては行政指導の対象となる可能性があります。そのため、職場でのパワハラ防止に必要な対策をしっかりと講ずる必要があります。

・労働者の責務

　労働施策総合推進法では、国や事業主の責務だけではなく、労働者の責務も定めています。具体的には、労働者は、パワハラ問題について関心と理解を深め、他の労働者への言動に必要な注意を払うことに努めなければなりません。また、パワハラ問題に適切に対応するための必要な体制の整備など、事業主が講ずる雇用管理上の措置に協力するように努めなければなりません。

　パワハラ問題について、労働者にも当事者としての意識を持たせることにより、パワハラ問題の発生防止のために、主体的に職場環境を整えていく努力が求められています。

パワハラ指針が規定するパワハラの6類型について知っておこう

6類型に該当しない場合にもパワハラにあたる場合もある

● パワハラの6類型とは

　厚生労働省はパワハラ指針において、職場におけるパワハラを以下の6類型に分類しています。なお、この6類型は職場におけるパワハラのすべてを網羅したものではなく、これ以外はパワハラに該当しないというわけではないことに留意が必要です。

① **身体的な攻撃**

　直接的に被害者の身体に暴行を加える行為が該当します。殴る、蹴る、物を投げつけるなどの行為が典型例です。暴行罪や傷害罪といった刑法上の犯罪に該当するケースが多いです。

② **精神的な攻撃**

　被害者を精神的に追い詰める行為などが該当します。たとえば、上司が他の労働者の面前で暴言を浴びせる行為や、長時間にわたり執拗な叱責をする行為などが挙げられます。脅迫罪、名誉毀損罪、侮辱罪などの刑法上の犯罪に該当する可能性があります。

③ **人間関係からの切り離し**

　たとえば、ある部署において、特定の労働者を別室に隔離したり無視したりすることで、人間関係から孤立させるなどの行為などが該当します。その他には、強制的な自宅待機、送別会への出席拒否などが挙げられます。

④ **過大な要求**

　労働者の能力を超えて、明らかに処理困難な大量の業務や、内容的に対応不可能なレベルの業務を与える行為などが該当します。

⑤ **過小な要求**

労働者のスキルを活かせない雑用程度の業務を与える行為や、合理的理由もなく業務の割当てを行わずに物理的に仕事を行うことが困難な状態を作り出す行為などが該当します。

⑥　個の侵害

　労働者を職場外でも継続的に監視することや、私物の撮影をすることの他、労働者の性的指向や性自認、病歴など、公開を望まない個人情報を暴露することなど、過度に労働者のプライベートな領域に踏み込む行為が該当します。

■ パワハラ指針におけるパワハラ行為の６類型に関する具体例

① 身体的な攻撃	【具体例】	殴打、足蹴り、物を投げつける
	【非該当例】	誤ってぶつかる
② 精神的な攻撃	【具体例】	人格を否定する言動、長時間の叱責、威圧的な叱責など
	【非該当例】	遅刻などを繰り返す者への一定程度の強い注意など
③ 人間関係からの切り離し	【具体例】	意に沿わない者を仕事から外す、別室に隔離する、集団で無視するなど
	【非該当例】	新規採用者に対する別室での研修の実施など
④ 過大な要求	【具体例】	業務とは無関係の雑用処理の強制など
	【非該当例】	繁忙期に通常より多くの業務処理を任せることなど
⑤ 過小な要求	【具体例】	気に入らない者に仕事を与えないことなど
	【非該当例】	能力に応じた一定程度の業務量の軽減など
⑥ 個の侵害	【具体例】	労働者の社内・社外での継続的な監視、私物の写真撮影など
	【非該当例】	労働者への配慮を目的とする家族の状況などに関するヒアリング

身体的な攻撃とはどのような行為をいうのか

暴行罪や傷害罪に該当する可能性のある行為

● 身体的な攻撃とは

　パワハラとなる「身体的な攻撃」とは、主に身体に対する直接的な暴力（暴行・傷害型）のことをいいます。

　典型例は、殴打や足蹴りを行うこと、相手に物を投げつけるなど、暴力で危害を加える行為です。

　また、負傷の有無にかかわらず、労働者の身体に危害を加える行為であれば、身体的な攻撃に該当します。たとえば、企画書を上司に提出した際に、企画書の出来が悪いなどの理由で、丸めた企画書で上司が部下の胸元を殴る行為が、身体的な攻撃に該当しパワハラとなります。その他にも、肩をつかんでゆすることや、頭を軽く小突くことも、身体的な攻撃としてパワハラとなる可能性があります。

　身体的な攻撃は、暴行・傷害型のパワハラであり、暴行罪や傷害罪に該当する刑法犯でもあります。また、身体的な攻撃によるパワハラが民法上の不法行為に該当する場合には、損害賠償責任を負うことになります。なお、民法上の損害賠償責任は、パワハラをした従業員だけでなく、その使用者である会社にも発生します（使用者責任といいます）。

　また、民法上の使用者責任が否定されたとしても、パワハラをした従業員の使用者である会社は労働契約法上の安全配慮義務（従業員の生命や身体の安全を確保するために必要な配慮をする義務）に違反していると判断され、会社は損害賠償責任を負うと判断した裁判例もあります。

　その他、就業規則にパワハラ防止に関する規定がある場合は、就業

規則違反を理由に、パワハラをした従業員が懲戒処分を受けたり、配転を命じられたりする場合もあります。

● パワハラにあたるとされた裁判例

裁判例では、勤務中に、従業員から胸倉をつかんで頭・背中・腰を板壁に叩きつけたり頭突きをしたりといった暴行を受ける（身体的な攻撃）とともに、その後の労災保険の申請手続などにおいて別の従業員から不当な対応を受け、これによって外傷後ストレス障害（PTSD）に罹患したという事案において、加害者である従業員と会社の損害賠償責任を認めたものがあります。

これは、身体的な攻撃に該当するとしてパワハラにあたると判断したものと考えられます。

■ 身体的な攻撃に対する責任

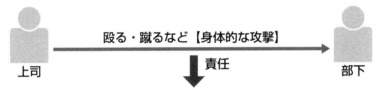

●被害者に外傷やメンタルヘルス不全などの損害が生じた場合

法的責任
- 損害賠償責任が生じる（民事上の責任）
  ★加害者個人だけでなく、会社が損害賠償責任を負う場合もある
- 暴行罪や傷害罪を構成する（刑事上の責任）

就業規則の規定に違反する場合 ⇒ 懲戒処分などの対象となる可能性あり

精神的な攻撃とはどのような行為をいうのか

脅迫罪・名誉毀損罪・侮辱罪に該当する可能性のある行為

● 精神的な攻撃とは

　パワハラとなる「精神的な攻撃」とは、主に脅迫・名誉毀損・侮辱・ひどい暴言を伴う行為です。これらの精神的な攻撃は、刑法上の脅迫罪・名誉毀損罪・侮辱罪に該当する可能性のある行為です。

　パワハラ指針では、精神的な攻撃でパワハラに該当すると考えられる例として、①人格を否定するような言動（相手の性的指向・性自認に関する侮辱的な言動を含む）を行うこと（一見、特定の相手に対しての言動には見えなくても、実際は特定の相手に対しての言動であると客観的に認められるものを含む）、②業務の遂行に関する、必要以上に長時間にわたる厳しい叱責を繰り返すこと、③他の労働者の面前で、大声での威圧的な叱責を繰り返すこと、④相手の能力を否定し、罵倒するような内容の電子メールなどを、直接の相手を含む複数の労働者に対して送信すること、が挙げられています。

　これに対し、精神的な攻撃に該当せずパワハラとはならないと考えられる例として、①遅刻など社会的ルールを欠いた言動が見られ、再三注意してもそれが改善されない労働者に対して一定程度強く注意をすること、②その企業の業務の内容や性質等に照らして重大な問題行動を行った労働者に対して、一定程度強く注意をすること、が挙げられています。

● パワハラにあたるとされた裁判例

　「バカか」「殺すぞ」というような言動については、原則としてパワハラに該当するといえます。裁判例においても、職場内において他の

従業員が多数いる前で「お前はバカだ」「会社を辞めろ」「給料泥棒」などと叱責した言動について、パワハラにあたると判断されています。これは、精神的な攻撃に該当するパワハラであると判断したものと考えられます。

　ただし、裁判例は、事態の「重要性や緊急性」が認められる場合や、従業員側に重大な落ち度が認められる場合には、例外的にパワハラ行為に該当しないケースがあることを認めるものがある点には注意が必要です。

　たとえば、医療機関の管理職である上司が、単純ミス（書類への記載ミスなど）を繰り返す部下に対して厳しく指摘・指導をしていたというケースでは、このような厳しい指摘・指導は、人の生命・健康を預かっており、正確性を要請される医療機関の管理職が当然に行うべき業務上の指示の範囲内であるとして、パワハラに該当しないと判断した裁判例も存在します。

■ 精神的な攻撃

 「バカか」「殺すぞ」「死ね」
【脅迫・名誉毀損・侮辱にあたる言動】

上司など　　　　　　　　　　　　　　　　　　部下など

〈原則〉パワハラに該当する　∵人格を否定する言動
　　　　⇒精神的な攻撃
　　　　⇒脅迫罪・名誉毀損罪・侮辱罪などに該当する場合もある
〈例外〉「重要性や緊急性」または労働者側に重大な落ち度が認められる場合には、<u>不適切な言動ではあるがパワハラには該当しないと判断される可能性がある</u>

人間関係からの切り離しとはどのような行為をいうのか

隔離・仲間外し・無視をする行為

● 人間関係からの切り離しとは

　パワハラとなる「人間関係からの切り離し」とは、主に隔離・仲間外し・無視をする行為のことをいいます。

　パワハラ指針では、人間関係からの切り離しでパワハラに該当すると考えられる例として、①上司が、自分の意に沿わない部下に対して、仕事から外し、長期間にわたって別室に隔離したり、自宅で研修をさせたりすること、②一人の労働者に対して同僚が集団で無視をし、職場で孤立させること、が挙げられています。

　人間関係からの切り離しの特徴として、部長や課長など仕事上の権限を持つ優位的地位の人が率先することにより、職場内の多くの人が追従するということがあります。集団で特定の個人に対して無視をしたり、送別会などの集まりに特定の個人だけ呼ばないなどの人間関係からの切り離しを行うことも、個の侵害によるパワハラに該当します。

　これに対し、個の侵害に該当せずパワハラにあたらないと考えられる例として、①新規に採用した労働者を育成する目的で、短期間集中的に別室での研修などの教育を実施すること、②懲戒規定に基づき処分を受けた労働者に対し、通常の業務に復帰させるために、その前に一時的に別室で必要な研修を受けさせること、が挙げられています。

● パワハラにあたると判断された裁判例

　たとえば、高等学校の教諭が、担当していた学科の授業、クラス担任などの一切の仕事を外され、何らの仕事も与えられないまま約4年半にわたり別室に隔離され、さらに約7年にわたり自宅研修をさせら

れ、賃金の据置きや一時金の支給停止などをされているケースで、職員室内隔離、自宅研修といった行為が、教諭が勤務する学校法人による業務命令権の濫用として違法、無効としました。この裁判例は、人間関係からの切り離しに該当するパワハラであると判断したものであると考えられます。

このような学校法人の行為により、教諭は長年何らの仕事も与えられず、他の教職員から隔絶されてきたばかりではなく、自宅研修の名目で職場からも完全に排除され、かつ、賃金も据え置かれ、一時金は支給されず、重大な不利益を受けており、教諭の精神的苦痛は非常に大きいものであると判断されています。

■ **人間関係からの切り離し**

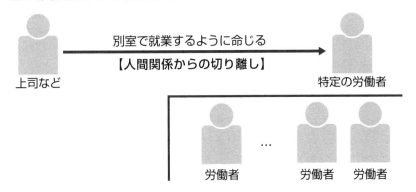

「人間関係からの切り崩し」に該当せずパワハラに当たらない行為
- 新規に採用した労働者を育成する目的で、短期間集中的に別室での研修などの教育を実施すること
- 懲戒規定に基づき処分を受けた労働者に対し、通常の業務に復帰させるために、その前に一時的に別室で必要な研修を受けさせること

6 過大な要求とはどのような行為をいうのか

業務上明らかに不要なことや遂行不可能なことを強制する行為

● 過大な要求とは

　パワハラとなる「過大な要求」とは、業務上明らかに不要なことや、遂行することが不可能なことを強制することや、仕事の妨害をすることをいいます。

　パワハラ指針では、過大な要求としてパワハラに該当すると考えられる例として、①長期間にわたり、肉体的苦痛を伴う過酷な環境の下で、業務とは直接関係のない作業を命じることや、②新卒採用者に対して必要な教育を行わない状態のまま、対応することが不可能なレベルの業績目標を課して、その目標を達成できなかったことを厳しく叱責すること、③業務とは関係のない私的な雑用を強制的に行わせること、が挙げられています。

　これに対し、パワハラには該当しないと考えられる例として、①労働者を育成する目的で、現状よりも少しレベルの高い仕事を任せることや、②業務の繁忙期に、業務上の必要性から、業務の担当者に通常時よりも一定程度多い量の業務の処理を任せることが挙げられています。ここでいう「一定程度」については、業種や業態、業務の内容や性質、従業員の属性や心身の状況、パワハラの行為者との関係性など、さまざまな要素を総合的に考慮して、業務上必要であって、なおかつ相当な範囲内であるといえるかどうかを個別の事案ごとに判断することになります。

● パワハラにあたるとされた裁判例

　裁判例では、長時間労働への就業を強制され、その業務内容に就業

100

経験がない業務が含まれるなど、労働者の能力を超える内容が多く含まれていたために、労働者が抑うつ状態の診断を受けて退職に至った場合、パワハラにあたると判断したものがあります。この裁判例では、経験の少ない大量の業務を任せることに加えて、労働者に対して適切な指導やサポートを行わなかったことが、労働者の肉体的・精神的なストレスを蓄積させ、労働者を就業困難な状態に追い込んだと判断しており、過大な要求に該当するパワハラであると判断したものと考えられます。

　また、別の裁判例では、化粧品販売会社の美容部員を対象とする研修会に参加した従業員に対して、上司が特定のコスチュームを着用させた行為について、社会通念上正当な職務行為とはいえず、労働者に心理的負荷を過度に負わせる行為であり、違法性を有し、不法行為に該当すると認めたものがあります。これも過大な要求に該当するパワハラであると判断したものと考えられます。この裁判例では、労働者がその場でコスチュームの着用を拒否することは非常に困難で、さらに別の研修会で労働者の了解なくコスチュームを着用したスライドを投影したという事情が、不法行為に該当すると判断する上での考慮要素とされています。

■ 過大な要求にあたる行為 ……………………………………

- 過酷な環境下での長期間にわたる肉体的苦痛を伴う業務とは無関係の作業を命じる行為
- 新入社員に対して、必要な教育を行わずに達成することが不可能な業績目標を設定し、目標を達成できなかった場合に厳しく叱責する行為
- 上司が部下に業務とは無関係の雑用を強制する行為

第3章　パワハラの法律知識　**101**

過小な要求とはどのような行為をいうのか

能力や経験とかけ離れた程度の低い仕事を与えたり、嫌がらせ目的のために仕事を与えないこと

● 過小な要求とは

　パワハラとなる「過小な要求」とは、主に能力や経験とかけ離れた程度の低い仕事を与えることや、仕事を与えないことを、業務上の合理性なく命じることをいいます。

　パワハラ指針では、過小な要求としてパワハラに該当すると考えられる例として、①管理職の労働者を退職させるために、管理職の仕事をさせずに、誰でもできるような仕事を行わせること、②自身が気に入らない労働者に対して、嫌がらせ目的のために仕事を与えないこと、が挙げられています。

　たとえば、営業の仕事をしたいと望んでいる部下を営業職から外し、営業の仕事とは関係のない送迎の運転手としての仕事をさせることを、業務の合理性なく上司が単なる嫌がらせ目的として行う行為など過小な要求に該当し、パワハラとなります。

　また、部下を仕事から外し、より仕事経験の少ない部下の方に仕事をさせるなどの行為も、業務上の合理性がない場合には過小な要求に該当し、パワハラとなります。

　これに対し、パワハラに該当しないと考えられる例として、労働者の能力に応じて、一定程度業務内容は業務量を軽減することが挙げられています。

● パワハラにあたるとされた裁判例

　たとえば、労働組合運動を行っていた特定の高校教諭が、週20時間前後の授業を担当し、部活動顧問などを割り当てられていたにもかかわ

らず、週5時間前後の授業時間に減らされ、部活動顧問などの割り当てもなくなったケースにおいて、パワハラにあたると判断されています。

また、視覚障害を持つ高校教諭に対して、授業の担当から外して図書室での教材研究を命じたり、理由もなく自宅待機を命じるなどして、具体的な業務を長期間にわたって与えなかったケースにおいても、パワハラにあたると判断されています。

これらの裁判例では、特定の労働者に対して、嫌がらせ目的や、自主退職に追い込む意図、あるいは、報復目的で業務担当から外したり仕事を与えなかった行為が、パワハラとして認定されており、過小な要求に該当するパワハラであると判断したものと考えられます。

なお、まったく仕事を与えないなどの極端な手段がとられている場合には、違法な目的の存在を認定しやすくなると考えられます。

■ 過小な要求 ……………………………………………………………

営業職

【過小な要求】

上司など　　　　　　　　　　　　　　　　　　　　　従業員

能力や経験とかけ離れた程度の低い仕事を与えることや、仕事を与えないことを、業務上の合理性なく命じること

【例】
● 管理職の労働者を退職させるために、管理職の仕事をさせずに、誰でもできるような仕事を行わせること
● 自身が気に入らない労働者に対して、嫌がらせ目的のために仕事を与えないこと

※労働者の能力に応じて一定程度業務内容は業務量を軽減することは、過小な要求ではなくパワハラに該当しない。

第3章　パワハラの法律知識　　103

8 個の侵害とはどのような行為をいうのか

私的なことに過度に立ち入る行為

● 個の侵害とは

　パワハラとなる「個の侵害」とは、私的なことに過度に立ち入る行為のことをいいます。

　パワハラ指針では、個の侵害でパワハラに該当すると考えられる例として、①労働者を職場内だけではなく職場外でも継続的に監視することや、私物を写真撮影すること、②労働者の性的指向や性自認、病歴、不妊治療などの機微な個人情報について、その労働者の同意なく他の労働者に暴露すること、が挙げられています。

　パワハラとなる個の侵害の具体的例として、上司の立場から、部下の同意なくその部下のスマートフォンの画像などを見る、有給休暇を取得したいと願い出た部下に対して、休暇を取得して何をするのか、私生活について必要以上にしつこく聞き出そうとする、などが挙げられます。

　これに対し、パワハラに該当しないと考えられる例として、①労働者への配慮を目的として、その労働者の家族の状況などについてヒアリングを行うこと、②労働者の同意を得た上で、その労働者の性的指向や性自認、病歴、不妊治療などの機微な個人情報について、必要な範囲で人事担当者に伝達し、その労働者への配慮を促すこと、が挙げられています。

　なお、労働者の機微な個人情報については、プライバシー保護の観点から、これらの個人情報を暴露することのないよう、労働者への周知や啓発をするなどの措置を講じることが必要であるとされています。

● パワハラにあたるとされた裁判例

　たとえば、労働者が特定の政党の党員またはその同調者であることのみを理由とし、職場の内外で継続的に監視したり、その労働者と接触などをしないよう他の従業員に働きかけたり、その労働者を尾行したり、ロッカーを無断で開けて私物の写真撮影をした行為について、会社としての方針に基づいて行われたということができ、パワハラであると判断されています。

　パワハラと認定した理由として、労働者の職場における自由な人間関係を形成する自由を不当に侵害すること、労働者の名誉を毀損すること、労働者のプライバシーを侵害するものであって人格的利益を侵害すること、などを挙げており、個の侵害に該当するパワハラであると判断したものと考えられます。

■ 個の侵害

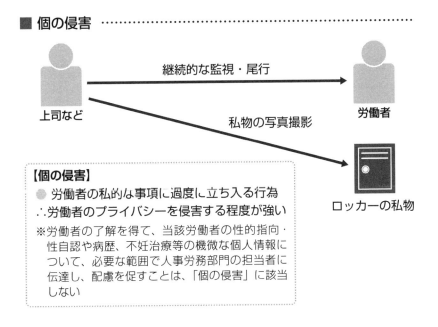

9 パワハラが職場で起こったらどうする

加害者と会社の双方が法的責任を負う場合がある

● 被害者は損害賠償請求や刑事告訴をすることができる

　パワハラの被害者は、加害者に対して損害賠償請求が可能です。また、場合によっては加害者に対してだけではなく、使用者である会社に対しても損害賠償請求ができることがあります。損害賠償請求の方法としては、いきなり裁判を起こすのではなく、まずはパワハラを受けた被害者が、加害者や会社宛てに内容証明郵便（242ページ）などの文書を送り、損害賠償を請求する方法がよく行われています。

　内容証明郵便を送付しても損害賠償金を支払わない場合には、被害者は訴訟を提起して裁判によって損害賠償請求をすることになります。裁判となった場合、被害者と加害者（場合によっては会社）の双方が裁判所に自分の主張を記載した書面と証拠を提出し、パワハラが行われたかどうかを裁判所が認定します。裁判所がパワハラの事実があったことを認定し、被害者に生じた損害を賠償するべきであると判断すれば、加害者や会社は被害者に対して、裁判所が認定した金額を損害賠償として支払わなければなりません。

　なお、被害者が損害賠償請求をすることができる損害項目にはさまざまなものがあります。もっとも一般的なものは慰謝料請求です。慰謝料は、パワハラ被害を受けたことによる精神的な損害に対する賠償金のことです。その他にも、被害者がパワハラによってうつ病になるなどして、治療が必要となり病院に通院した場合には、治療費や通院交通費を請求することができます。また、パワハラによるうつ病のせいで休職を余儀なくされ収入が減少したような場合には、その減少した収入を損害賠償として請求することができます。

さらに、パワハラの被害者は、パワハラの内容によっては、パワハラを受けたことを刑事告訴することもできます。たとえば、パワハラの内容が被害者を殴るなどの暴力である場合には、暴行罪や傷害罪に該当するとして、刑事告訴が可能です。また、被害者の名誉を傷つけるような内容のパワハラを受けた場合には、名誉毀損罪や侮辱罪に該当するとして刑事告訴が可能です。刑事告訴があると、加害者は逮捕されたり、刑事裁判にかけられて有罪判決を受ける可能性があります。

● 加害者の責任

パワハラの加害者は、そのパワハラの程度によっては、上述のとおり、刑事責任や、被害者に対する損害賠償責任を負うことになります。加害者が負う損害賠償責任は、不法行為（他人の権利や利益を侵害する行為のこと）に基づく損害賠償責任となります。

ただし、パワハラの加害者は常に損害賠償責任を負うわけではなく、パワハラの程度が軽微である場合には損害賠償責任は発生しません。

また、パワハラは会社の就業規則などに定められている懲戒事由に該当するのが通常です。そのため、パワハラの加害者は、就業規則を根拠として、減給や出勤停止、懲戒解雇などの懲戒処分を受ける可能性があります。

● 会社の責任

従業員がパワハラを行った場合、その使用者である会社も被害者に対して損害賠償責任を負うことがあります。会社が被害者に対して負う損害賠償責任は、①使用者責任、②債務不履行（職場環境配慮義務違反）に基づく損害賠償責任に分類されます。

①　使用者責任に基づく損害賠償責任

使用者責任とは、従業員が業務の中で第三者に損害を与えて不法行為責任を負う場合に、その従業員を雇用している使用者である会社が

負う損害賠償責任です。職場におけるパワハラは、会社の業務の中で被害者に損害を与える行為であることから、加害者である従業員は不法行為責任を負い、その従業員を雇用している会社も使用者責任に基づき、被害者に対して損害賠償責任を負うことになります。

ただし、使用者（会社）が、パワハラの加害者の選任や監督について十分な注意を尽くしていたこと、または十分な注意をしても損害が生じたことを証明した場合には、使用者責任は成立せず免責されることになります。しかし、この免責が認められるケースはほとんどなく、パワハラについて従業員に不法行為責任が成立する場合、会社が使用者責任を免れることはほぼできないと考えておくべきでしょう。

② 債務不履行（職場環境配慮義務違反）に基づく損害賠償責任

債務不履行とは、契約違反など、一定の義務を怠った場合に負う損害賠償責任です。会社は、労働者に対し、労働契約の付随的な義務である「従業員が働きやすい職場環境を形成する義務」（職場環境配慮義務）を負っています。この義務は、従業員が心身ともに安全に就業できるよう配慮する義務（安全配慮義務）を一歩進めたものです。

従業員がパワハラ被害に遭った場合、会社はこの職場環境配慮義務を怠ったとして、債務不履行に基づく損害賠償責任を負う可能性があります。具体的には、会社がパワハラが行われているという事実を知っていたり知ることができたにもかかわらず、その防止措置を怠った場合や、会社がパワハラ被害の報告を受けていたにもかかわらず、何らの対応もとらずに放置していたような場合などに、会社の職場環境配慮義務違反が認められることになります。

● パワハラを理由とする損害賠償の対象となる損害とは

損害賠償請求することができる損害項目にはさまざまなものがありますが、財産的損害と非財産的損害に分類することができます。

① 財産的損害

財産的損害とは、被害者が被った経済的な損害のことをいいます。財産的損害は、積極的損害と消極的損害に分類されます。
　積極的損害とは、被害者が実際に支払った費用のことをいいます。たとえば、パワハラに遭った被害者がうつ病になり、病院に通院して治療を受けた場合における被害者が支払った治療費や通院交通費は、積極損害として加害者に対し賠償請求することができます。
　これに対し、消極的損害とは、その加害行為がなければ被害者が得られるはずであった将来の利益のことをいいます。消極的損害としては、逸失利益や休業損害が挙げられます。
　逸失利益とは、本来得られるはずの利益が加害行為によって得られなくなった場合の損害のことです。たとえば、パワハラ被害によってうつ病などにかかってしまい、働き続けることが困難になった場合には、給与という本来得られるはずであった経済的な利益を失うため、これを逸失利益として、パワハラの加害者に対して賠償請求をすることができます。逸失利益については、後述する算定方法が用いられます。
　また、休業損害とは、加害行為によって仕事を休むことを余儀なくされたため、給料の全部または一部をもらうことができなかったという損害のことをいいます。たとえば、パワハラ被害によってうつ病な

■ **パワハラを理由とする損害賠償の対象となる損害**

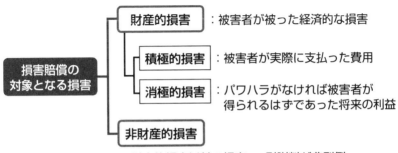

どにかかってしまい、一定期間会社を休んだためその間の給料が支払われなかった場合には、その分を休業損害として、パワハラの加害者に対して賠償請求をすることができます。

② 非財産的損害

非財産的損害とは、財産的損害以外の損害を指します。典型例としては慰謝料が挙げられます。慰謝料は、加害行為による精神的な損害に対する賠償金のことです。パワハラは被害者に精神的苦痛をもたらす行為であるため、被害者はパワハラの加害者に対して慰謝料を請求することができます。

● 逸失利益の算定

逸失利益の算定は、以下のように行います。

① 後遺障害を負った場合

労働者が損害賠償の対象になるパワハラ行為によってうつ病などの損害を被り、後遺障害が残った場合、後遺障害によって失った労働力を割合で示し、その割合を基礎収入額に乗じて逸失利益を算定します。

② 死亡した場合

労働者が損害賠償の対象になるパワハラ行為により死亡した場合、基礎収入額に就労可能年数を乗じて逸失利益を算定します。

● 慰謝料の算定

慰謝料は精神的苦痛に対する賠償金です。財産的損害とは異なり、計算式によって算定されるものではなく、個別のパワハラ事案において具体的に慰謝料の額が決定されます。具体的には、被害者の地位・職種・財産状態などさまざまな要素を考慮して、裁判官が慰謝料の金額を判断することになります。

慰謝料については、財産的損害（特に逸失利益）の賠償が不十分である場合の補てんとして用いられる場合が多いといえます。

パワハラの相談を受けたらどう対応する

公平に事実関係を調査することが重要である

● 社内でパワハラの相談をしやすい環境を設ける

　会社がハラスメント相談窓口を設けていれば、パワハラの相談は相談窓口が対応します。パワハラの背景には、会社内部のさまざまな事情があるため、社内の事情をよく知っている人間がパワハラの解決にあたることは、パワハラ問題の早期解決につながります。パワハラの被害者も、社内の事情をよく知っている人間が解決にあたる方が安心できます。そのため、パワハラ対策として相談窓口を設けておくことは効果的な方法です。相談者にとってわかりやすいように、連絡先や担当者を明示しておくとよいでしょう。

　また、相談者がさまざまな方法でアクセスすることも考慮して、相談者が直接相談窓口に出向く以外にも、電話やメールなど、複数のアクセス方法を設けておくことも有用です。

● どのような対応をすべきか

　労働施策総合推進法は、パワハラの相談をした労働者に対し、解雇その他不利益な取扱いをすることを禁止しています。そのため、パワハラの被害者から相談を受けた場合、相談者のプライバシーが守られることや、相談したことを理由にいかなる不利益も生じないようにする必要があります。

　社内に専用のハラスメント相談窓口を設けている場合はもちろん、それ以外の人事担当などの部署がパワハラの相談を受けた場合は、以下の点に留意して相談を受ける必要があります。

　相談者からパワハラ被害の相談があった場合、最初の聴き取りの段

階で重要なのは、相談者の話しを時間をかけて聴き取ることです。ただし、長時間の聴き取りは、かえって相談者の負担になることもあるため、1時間を超えるときは、複数回にわたり聴き取りを行うのも有効です。

　また、最初の聴き取りでは「重要な内容ではない」と決めつけ、相談者の話を聴く姿勢を怠ってはいけません。相談者の話しの中に重要な問題が潜んでいることや、相談者が会社側に不信感を募らせるきっかけになることもあります。会社側が相談者を問いただすのではなく、あくまでも相談者の言い分を聴き取る姿勢が重要です。その際、相談者が自殺をほのめかす内容の話しをしている場合や、心身の不調を訴えている場合は、産業医などと連携を図り、速やかに適切な治療などを受けることができるように促すことも重要です。

　その上で、会社としては、事実関係を徹底的に調査することが必要です。調査の際には「いつ」「どこで」「どのような形で」パワハラが行われたのかを具体的に明らかにすることを心がけるとともに、公平に調査を行わなければなりません。パワハラの当事者の一方だけの主張だけでは正確な事実関係を把握することができないので、加害者やその周囲の従業員からも聴き取りを行うことが必要です。なお、労働施策総合推進法は、会社側によるパワハラの相談への対応に協力して事実を述べた労働者（第三者）に対し、解雇その他不利益な取扱いをすることを禁止していますので、注意を要します。

　そして、調査の公平性を確保するには、調査担当者の選定についても注意する必要があります。たとえば、調査担当者がパワハラの加害者と親しいと、加害者に遠慮して十分な調査ができなくなる可能性があります。そのため、調査担当者には、当事者のどちらとも利害関係をもたない中立的な立場の人間を選ぶ必要があります。

　調査に際しては、個人情報への配慮も必要です。特に上司が部下に性的関係を迫っていたケースのように、パワハラとセクハラが同時に

行われている場合、被害者は周囲に被害を受けたことを知られたくないと考えます。そのため、調査にあたっては、必要以上に被害に関連する情報を漏えいしないようにしなければなりません。第三者から聴き取りをした場合は、その第三者に対しても被害に関連する情報を漏えいしないよう念押しをすべきです。

● パワハラの被害に対してはどのように対応すべきか

調査の結果、パワハラの被害が真実と判明した場合、パワハラの加害者や会社は、パワハラの被害者に対して、損害賠償責任を負うことがあります（107ページ）。被害者がパワハラを苦に自殺したような場合は、加害者や会社が、被害者の遺族に対して損害賠償責任を負うことがあります（31ページ）。

損害賠償責任以外にも、会社がパワハラの被害者に対して行うべきことがあります。たとえば、パワハラにより退職に追い込まれていた被害者については、その意向を聴いた上で、復職させる必要があります。パワハラがなければ被害者は退職することがなかったので、退職前の状態に戻すことがパワハラの被害者の救済となるからです。

さらに、パワハラの加害者に対する懲戒処分や配置転換も検討すべき事項です。懲戒処分は、加害者にとって重い処分になるので、加害者の意見を聴取した上で、慎重に行うべきですが、パワハラの再発防止に効果的であれば懲戒処分が必要です。また、パワハラを受けた被害者の心情を考慮し、パワハラの加害者と被害者を引き離すような配置転換をすることも必要になります。

最後に、会社としてパワハラの再発防止のための措置を講じることが必要です。パワハラが行われた場合は、その事案を検討し、同じようなパワハラが起こらないような体制を作ることが重要です。

なお、事実関係を調査した結果、パワハラの存在の有無が確認できないケースもあります。この場合、加害者とされた人に対し、パワハ

ラ被害の訴えを受けたことによる報復人事などを行うことがないように注意することが重要です。前述したように、パワハラの相談をしたことに対する不利益取扱いは、明文規定で禁止されています。

● 被害者の要求にどこまで応じるべきか

　パワハラの被害者の要求にどこまで応じるかは、慎重な検討が必要です。被害者がパワハラを受けたと主張していても、事実関係を調査した結果、業務上での教育や指導の範囲内の行為であったことが判明すれば、被害者の要求に応じる必要はありません。ただし、被害者の要求に応じない場合には、調査結果を詳しく被害者に説明し、要求に応じられない理由を明確に説明することが求められます。

　調査の結果、パワハラの事実が判明した場合は、前述した被害者が受けた損害を回復する措置を講じる必要があります。被害者の要求にどこまで応じるかもこの基準で判断します。つまり、被害者が被った損害を回復するのに必要な範囲で、被害者の要求に応じます。

■ パワハラ行為に対する調査・対応

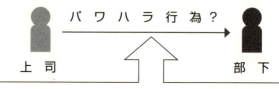

・個人情報に配慮してパワハラの事実関係を調査する
・事実であれば、加害者や会社に損害賠償責任が発生
　被害者の復職、加害者への懲戒処分などの検討
・パワハラでない場合、被害者に丁寧に説明する

パワハラ被害を防止するための対策について知っておこう

さまざまな角度からの対策が必要になる

● パワハラ対策の重要性と予防・解決に向けた提言

　パワハラ問題は、被害労働者はもちろん、職場全体の業務効率にも影響を与える可能性がある非常に重要な問題です。そのため、厚生労働省では、パワハラ対策の周知・啓発活動の取り組み、会社側・労働者側双方の支援に力を入れています。周知・啓蒙活動としては「あかるい職場応援団」というパワハラ問題の専門サイトの立上げや、Twitterアカウントを作成して情報発信の場を作っています。

　そして、企業側の指針になるマニュアルを策定するとともに、各種セミナーも開催しています。厚生労働省のパワハラ対策は、平成24年（2012年）にまとめられた「職場のパワーハラスメントの予防・解決に向けた提言」が基になっています。平成30年（2018年）にまとめられた「職場のパワーハラスメント防止対策についての検討会報告書」においても、上記提言のさらなる促進が挙げられています。

　その他、人事院は職場における「パワー・ハラスメント防止ハンドブック」を作成・公開しています。ハンドブックにおいても、同じ職場で働く者同士が、お互いを尊重することで、適切な職場環境を作り上げる意識を高める中で、会社の上司によくみられる暴言、執拗な避難、威圧的な行為、実現不可能・無駄な業務の強要をはじめ9種類の行為に関する留意点を掲載しています。

　なお、労働施策総合推進法は、パワハラ防止に向けた会社（事業主）の雇用管理上の措置義務や、パワハラ相談をした労働者などへの不利益取扱いの禁止について定めており、パワハラ対策は法律上も要求される措置です。

● どんなことをすればよいのか

　パワハラを防止するには、さまざまな角度から複数の対策を講じる必要があります。具体的には、相談窓口の設置、社員や管理者への教育研修の実施、社内調査の実施、被害者の職場復帰へのサポート、弁護士などの専門家を入れての体制の強化といった事項です。

● 相談窓口を設ける

　会社としてハラスメント相談窓口の設置が必要です。相談窓口は社内に設けるのが基本です（社外への委託も可能）。パワハラは社内のさまざまな事情を背景として行われるため、パワハラ問題の解決を会社内部の人に担当させることは、パワハラ問題の早期解決のために効果的です。また、パワハラの被害者の立場からも、外部の人より会社内部の人を相手にする方がパワハラの相談を行いやすいといえます。

　相談窓口を設置した場合は、それを従業員に周知することも必要です。パワハラ問題は早い段階で解決できれば、被害者の受ける損害が少なくなります。そのため、相談窓口の存在を従業員に周知し、パワハラを受けた場合はすぐに相談窓口に相談できる体制を整えておくことが重要です。そして、パワハラの相談を受けた場合には、被害者の話しを聞こうとする姿勢が必要です。被害者の中には、悩み抜いて憔悴した状態で相談に来る人もいます。そのため、無理に話を聞き出そうとすると、被害者が委縮して話してくれなくなります。

● 社内調査をしっかり行う

　社内調査を行うこともパワハラを防止するために有効です。会社の従業員が、現段階でパワハラに対してどのような認識をもっているのかを会社が把握できれば、実態に沿った対策を立てることができます。具体的には、アンケート調査や、従業員に対する個別面談などの方法で実施します。調査の際には、過去にパワハラがあったか、調査を

行った時点で職場内でパワハラが行われているか、パワハラが行われている場合は被害者がどのような被害を受けているか、パワハラ対策として会社に要望することはあるか、といった項目を挙げて従業員に回答させます。上記の他にも、管理者に対する調査では、パワハラを行ったことがあるか、自分の行為がパワハラに該当すると指摘されたことがあるか、といったことも調査項目に含めます。

● 被害者の職場復帰をサポートする

　会社は、パワハラにより従業員が休職している場合には、その従業員が職場復帰できるようサポートする必要があります。

　たとえば、パワハラにより従業員がうつ病となっている場合には、会社は、従業員が職場復帰するために段階的な支援を行います。具体的には、休職中の従業員のうつ病を治療をしている医者から、従業員の状態についての報告を求めます。その報告をもとに、いつ頃職場復帰するかを決定し、職場復帰するまでの計画を立てます。その後は、計画に沿って従業員の職場復帰をサポートします。

　また、従業員が職場復帰した後も、会社はサポートを続ける必要があります。職場復帰した後もうつ病が再発する危険があるため、定期的に医者の診断を受けさせるなどのサポートを行います。

　パワハラにより従業員がうつ病などの精神疾患に罹患していなくても、会社としてサポートすべきことがあります。たとえば、パワハラの被害者の相談に乗るといったことです。パワハラの被害者は精神的苦痛を負った中で職場復帰することになるので、パワハラについての相談相手になることが重要です。また、パワハラの加害者と被害者が同じ場所で勤務しており、被害者が加害者を避けるといった状況があれば、一方を異動させることも必要になります。

第3章　パワハラの法律知識　**117**

12 パワハラが起こりやすいのはどんな職場なのか

ストレスの多い職場で起こりやすくなる

● 問題が起こりやすい職場には共通要素がある

　独立行政法人労働政策研究・研究機構が平成24年4月に発表した「職場のいじめ・嫌がらせ、パワーハラスメント対策に関する労使ヒアリング調査」によると、パワハラ発生の背景・原因として「過重労働とストレス」「職場のコミュニケーション不足」「人間関係の希薄化」「業界特有の徒弟制度関係」などが挙げられています。パワハラは会社の業種や規模にかかわらず、どんな職場でも起こる可能性がありますが、その中でも次のような要素のある職場では、特に問題が大きくなりやすいといえそうです。

① 多忙な職場

　不況のあおりでリストラを敢行したり、新規採用を見合わせる企業が多くなっていますが、そのような職場では在籍する社員が担う仕事量が大幅に増え、残業・休日出勤などが多くなる傾向にあります。この状態が続くと、社員のストレスが増大し、強い者から弱い者へのパワハラが横行しやすくなります。また、管理者（役員や管理職の労働者）も社内の状況を把握する余裕がなく、問題の存在に気づくことができないといったことも出てきます。

② 雇用形態が複雑な職場

　正規、非正規、派遣、外注などさまざまな立場の労働者が混在している職場では、仕事の内容や賃金、労働時間などの面で大きな格差が生じるため、うまく人間関係を結べず、コミュニケーション不足になることがあります。正社員がパワハラの加害者、非正規社員（パートタイマーなど）が被害者という構図になることが多いですが、古参の

非正規社員が多く働く職場などでは、新しく赴任してきた若手の正社員が上司になることをよく思わず、集団で無視するといった、非正規社員から正社員へのパワハラが行われることもあります。

③ 閉鎖的な職場

外部との接触が少ない、社内での人的交流がないなどの要因から人間関係が固定化している閉鎖的な職場では、上司と部下、自己主張の強い人と弱い人、仕事上の成績のいい人と伸び悩んでいる人などのような上下関係も固定してしまい、パワハラが起きやすくなります。また、その職場独自の考え方やルールが存在し、社会一般に見ればパワハラと言われるような行為でも、「その程度は当然」「される原因をつくった方が悪い」などと判断されてエスカレートしてしまうことがあります。

● パワハラをうけやすい人はどんな人

パワハラの被害は、性別、年齢、役職や雇用形態にかかわらず、広範囲にわたって起きていますが、その中でもまじめでおとなしく、我慢強い人が対象になりやすい傾向にあります。特に上司から部下に対するパワハラの場合、上司からささいなことで人格まで否定するような暴言を浴びたり、過重な労働を強いられるといった理不尽な扱いを受けても「クビになったら困る」「自分さえ我慢すれば」などと考え、黙って耐えてしまうタイプの人が被害者となるケースが多いようです。

では、きちんと自己主張をし、バリバリと仕事をこなす人はパワハラの対象にならないかというと、そうではありません。優秀な部下や同僚は、同じ職場で働く人にとって頼もしい存在になり得ると同時に、自分の権威をおとしめる煙たい存在にもなりかねないからです。このようにできるタイプの人は、パワハラの被害を受けても「弱音を吐いたら負けだ」「恥ずかしい」などと思い込み、誰にも相談せずに我慢し続け、かえって事態を深刻化させてしまうこともあります。

第3章　パワハラの法律知識　**119**

13 パワハラをしない職場環境づくりをする

自分と相手を知ることがパワハラをしないコツ

● どんな人がパワハラ上司になる可能性があるのか

「パワハラ上司」などと言うと、性格的に何らかの問題を抱えた特殊な人がなるもの、という印象を受けるかもしれませんが、そうではありません。誰もがパワハラ上司になる危険性を秘めています。たとえ周囲がパワハラの被害を感じていても、本人は自分がパワハラの加害者になってしまっているとは気づいていないことも多く、「部下のため」という大義名分のもと、あえてそのような態度をとっていることもあります。

特に次のような人は、パワハラ上司になってしまう可能性があると考えられるため、注意が必要です。

① 他人に厳しく、高い成果を要求しがちな人

たくさんの仕事をてきぱきとこなし、会社の業績に貢献する、いわゆる「できる人」は、周囲の人間にも同等の仕事をすることを望む傾向があります。仕事の成果を上げたり、部下を成長させるという面から見れば、それは重要なことでしょう。

しかし、部下の中には、ミスを繰り返したり、なかなか成果が上げられないという人もいます。仕事について非常に厳しく、高い成果を求める上司の中には、そのような部下に対して、上司である自分が望むような成長がみられないからといってストレスを感じて、注意・指導の際の言葉遣いが乱暴になったり、感情的に怒鳴ったり机を叩くなどの威圧的・暴力的な態度を示してしまう人もいます。このように、いきすぎた不適切な注意・指導をすると、上司としては仕事に対する熱意の延長として出た言動であっても、部下からはパワハラだと主張

されて問題となってしまう可能性があります。

　また、このように乱暴な注意・指導を行ったケースだけではなく、上司が部下に対し、当然こなせるであろうと考える量の業務を命じたという場合にも、部下としては、自分には到底不可能な過大な仕事を上司から押し付けられたとして、これもパワハラであると主張されてしまうこともあります。

② 　自己顕示欲が強い人

　人は誰でも他人に認められたいという気持ちを持っていますが、会社内である程度の地位につき、決定権を持った人として認められるようになると、「自分にはこんなに力がある」ということをもっと誇示したい、自分の存在を知らしめたい、という欲が強く出てしまう人もいます。その欲を満たすために部下に無理難題をふっかけたり、手柄は自分のもの、失敗は部下のせい、といった態度をとってしまい、それがパワハラにつながることがあります。

③ 　精神的な余裕がない人

　上司は部下の仕事の内容はもちろん、性格や得手不得手、場合によってはプライベートの状態までを観察し、状況判断をしなければなりませんが、仕事が忙しすぎたり家庭に問題を抱えていたりして上司自身に精神的な余裕がない場合、なかなかそんなことはできません。このようなときには的確な仕事ができず、場当たり的な指示を出して部下を振り回したり、常にイライラして周囲の人間を萎縮させてしまうことがあります。

● 部下との上手な接し方を考える

　ミスをした 2 人の部下に対して上司がハッパをかけるつもりで「ばかやろう、もっと頑張れ」と同じ言葉をかけたとします。一方の部下は上司の思いをくみ、「次はもっと頑張って同じミスをしないようにしよう」と発奮してくれたのに、もう一方の部下は「この程度のミス

第3章　パワハラの法律知識　　121

でこんなに怒られるなんて理不尽だ」とハラスメント相談窓口に相談に行ってしまうということもあります。上司が複数の部下に同じ態度をとっていても、相手の受け取り方が違えば、パワハラと受け取られかねない、というのが部下と接する際の難しさといえるでしょう。このような事態を避けるためには、部下を一律に扱うのではなく、部下のそれぞれ性格や個性に応じた接し方をすることが必要になります。

たとえば、まじめでおとなしい優等生タイプの部下は、たとえパワハラを受けても黙って我慢し、最後には心身ともに疲れ果てて病気になったり、自殺に追い込まれたりすることもあります。

また、自立心の強い優秀な部下は、下手に扱うと「こんなパワハラ上司の下では働けない」と簡単に仕事を辞めてしまいかねません。問題があっても頭ごなしに否定せず、まずは本人の主張する意見を聞いてください。その上で認められる部分はきちんと評価し、相手の自尊心を傷つけないように配慮しながら指導するとよいでしょう。

部下に対するパワハラとならないように、上司としては、どのような性格の部下であっても、ミスや成績不振に対して強く責めたりするのではなく、部下の話をしっかりと聞いた上で、その部下の問題点と改善方法を具体的に示して、部下に納得させるという行動をとることが重要となります。

● 苦手な部下にも上手に対応する

上司という立場になると、さまざまなタイプの部下と接し、管理していく必要がありますが、上司も人間ですので、どうしても苦手なタイプがいるのは仕方がないところです。友人関係であれば、苦手な人と接触しないようにすればそれですみますが、上司と部下の関係である以上、そうも言っていられません。職場においては、上司の個人的な好き嫌いの感情を交えることなく、仕事と割り切ってどのような部下であっても、うまくつき合っていくことが求められます。

まずは苦手な部下の日々の仕事ぶりをよく観察し、その部下の長所や評価できる点などを探してみることから始めるのも一つの方法です。自分の存在を肯定されることによって、部下は上司を信頼するようになります。信頼関係を築くことができれば、仕事上の関係は良好になるはずです。

● パワハラをしないようにするための心構え

　「自分はパワハラと言われるような行為はしていない」と思っている人でも、周囲からはパワハラをしていると受け取られることがあります。中には相手側の勘違いや思い込みといったケースもありますが、自分で意識しないままパワハラ行為をしてしまっていることも多々ありますので注意しなければなりません。

　パワハラ行為をしないようにするためには、次のようなことを心がけておくと効果的です。

■ パワハラを未然に防ぐための対策

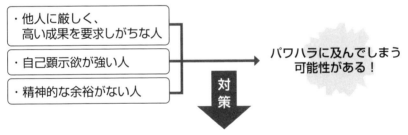

・苦手な部下でも、仕事と割り切ってうまくつき合っていく
・部下の自尊心を傷つける行為や、必要以上のプレッシャーをかける行為をしない
・部下の短所ばかりを見ず、長所や得意分野を見極める
・上司自身が自分の性格や人間性を客観的に把握しておく

第3章　パワハラの法律知識　123

① 部下を注意する際には具体的に注意・指導すること

　上司が部下に対して注意・指導をする際、頭ごなしに叱ったり、部下の悪い点だけを指摘して終わらせてしまうという上司は非常に多いです。

　部下に対して、具体的にどうすればいいのかを指摘することなく、単に改善や成果を要求するだけの行為は、単に部下を精神的に追い込むだけのものであるとして、パワハラになってしまう可能性があります。部下のミスや成績不良を責めるだけでは、部下の自尊心を傷つけ、不要なプレッシャーをかけるだけです。

　注意・指導がパワハラに該当しないようにするためには、注意・指導をする場合には、具体的に、部下のどのような点が悪かったのか、何をどのようにすればよいのかなどを明確に示すべきです。

　このような注意・指導であれば、部下を追い詰めるものではなく、部下にしっかりと仕事を頑張ってほしいために行ったものだといえ、パワハラに該当するおそれはありません。

② 自分を知る

　自分がどんなときに怒りを感じ、どういう態度をとるタイプなのかということを客観的に把握しておくのも、パワハラ予防のために重要なポイントとなります。

　たとえば、何らかの事情が原因で怒りを感じたとき、すぐに頭に血が上って感情的に相手を罵倒してしまうところがある場合、怒りを感じた段階でいったんその場から離れてクールダウンする、相手を諭すときについ直接仕事とは関係のない人格を傷つけるような言葉を使ってしまう場合、言うべきことを箇条書きにしてメモにしてから相手と対峙する、といった対処方法をあらかじめ考えておくわけです。それが実際の現場で実践できるようになれば、パワハラをする危険性は低くなります。

相 談 部下に上司からパワハラを受けたと言われた

Case 新卒で営業部に配属された正社員の部下の中に、最初からあまりやる気が感じられず、打ち合わせに遅刻したり、いきなり休んだりと勤務態度がよくない者がいます。やむなく外回りの営業ではなく、負担の少ない内勤の営業事務に異動させたのですが、今度は「上司から自分の人格や能力を否定するパワハラを受けたため、うつ状態になった」と言い出し、休職を求めてきました。相手の受け止め方しだいでパワハラと指摘されてしまうのでしょうか。

回 答 遅刻や急な欠勤、仕事に身が入らないなどの問題行動に対し、上司が部下に注意をするのは当然のことです。もちろん、罵倒する、暴行を加える、仕事を与えないなどの方法で注意すれば、たとえ原因が部下にあったとしても、パワハラと判断されます。しかし、今回のケースのように、適切な方法で説明を行い、本人の状況を考えて配置換えなどをしていれば、パワハラにはあたらないと思われます。

　部下がうつ病の診断書を示して休職を求めるのであれば、会社としては受け入れざるを得ないかもしれません。しかし、部下の問題行動の原因が、希望部署に配属されないことや、配属されても希望する業務ができないことにあっても、会社としては、部下との労働契約の中で業務の限定がない限り、それに応じる必要はないと思われます。このようなことは、特に正社員として採用されれば、どんな会社でも起こりますから、その点を部下に理解してもらわなければなりません。

　さらに、「本人の希望を叶えるには、今の部署で問題行動を起こさずに仕事をし、実績を積み重ねていくことが必要である」ことを伝える必要があります。その際、直属の上司だけでなく、パワハラの相談窓口の担当者を交えて話し合いをするなど、さまざまな方法を用いながら、問題行動の改善を促すことが求められます。

Column

退職理由がパワハラを理由とする会社都合退職となる場合

　労働者が退職後に雇用保険の基本手当（失業手当）を受給する場合には、退職理由によって、基本手当の支給を受ける日数などが異なります。そのため、一身上の都合による自己都合退職とするのか、パワハラによる会社都合退職にするのかによって雇用保険の基本手当受給に影響が生じます。具体的には、上司、同僚などからの故意の排斥や著しい冷遇あるいは嫌がらせを受けたことによって離職した者は、会社都合退職に該当し、雇用保険における特定受給資格者として基本手当を受給することができます。

　特定受給資格者は一般受給資格者と異なり、3か月間の給付制限がなく、離職した後（待機期間の7日間の満了後）から基本手当を受給することができます。また、基本手当の支給を受ける日数が多くなる可能性があります。そのため、労働者としては、退職願に「一身上の都合で退職」と記載するよりも、パワハラによる退職であることを記載し、会社都合であることで提出したいと考えます。

　会社側の対処方法としては、労働者自らが退職の申込みの意思表示をして退職願を提出しているため、一身上の都合での退職など自己都合退職として処理することも可能です。しかし、労働者がハローワークで退職理由が上司のパワハラであったと主張すれば、退職願に「一身上の都合で退職」と記載されていても、ハローワークの職員から事実確認が行われます。そのため、会社としては、労働者からパワハラについての事実関係を確認する必要があります。

　たとえば、上司からの叱責を録音したボイスレコーダーやパワハラがあったことを記した日記などは、パワハラの事実があったと認める重要な証拠となるはずです。そういった事実を確認できないのであれば、一身上の都合での退職など自己都合退職として処理するのがよいでしょう。しかし、パワハラが事実であれば、会社都合退職として処理することになります。

第4章

職場で行う健康診断と
メンタルヘルス対策

健康診断と診断結果について知っておこう

心身の不調発見のために健康診断が必要である

● 健康診断はどんな性質のものか

　事業者（会社）は、法律上、労働者（従業員）に対して健康診断を受けさせなければならないという義務を負っています。

　健康診断には、労働者に対して定期的に実施する一般健康診断と、危険な業務に従事する労働者に対して行う特殊健康診断があります。この健康診断を労働者に受けさせないと、事業主には50万円以下の罰金が科せらる可能性があります。

　事業者は、健康診断の結果（異常の所見がある場合に限る）に基づき、労働者の健康を維持するためにどのような措置を講じるべきか医師の意見を聴く必要があります。そして、事業者は、医師の意見を踏まえて、労働者の健康を維持するために必要がある場合には、就業場所の変更や深夜業の回数の制限など必要な措置を講じることになります。

● 労働者は健康診断を拒否できるか

　労働者に健康診断を受けさせることは事業者の義務です。しかし、健康診断の受診を拒否する労働者がいる場合に、その労働者を放置しておくのでは、事業者の義務を果たしたことにはなりません。

　この場合の対策としては、就業規則に「労働者は事業者の指示に従い健康診断を受けなければならない」という内容の条項を設けるとともに、健康診断を拒否した労働者に対しては一定の懲戒処分をすることを規定する方法が考えられます。労働者には事業者が行う健康診断を受ける義務があるので、このような条項を設けることは認められると考えられています。したがって、就業規則にこのような条項があれば、

事業者は労働者が健康診断を拒否した場合に懲戒処分を行うことが可能となり、これにより、労働者の健康診断の受診を促すことになります。

また、就業規則に明確な記載がなくても、業務命令として健康診断の受診を命じることもできます。労働者の健康を維持することは事業者の義務であるとともに、労働者は健康診断受診義務を負うので、このような命令も業務に必要な範囲内での命令として発することが可能です。もし、この業務命令を労働者が拒否した場合には、業務命令違反を理由にその労働者に対して一定の制裁を加えることできます（懲戒処分を行う場合は就業規則の定めが必要です）。

しかし、就業規則に健康診断の受診拒否に対する懲戒処分について具体的に規定する方が、処分内容が明確になるというメリットがあるので、就業規則への記載が望ましいといえます。

● 会社は従業員に健康診断の結果を通知しなければならない

事業者は、労働者に健康診断の結果を通知する義務を負っています。原則として、会社は労働者に健康診断の結果をすべて通知する必要があります。労働者は、会社での健康診断の結果を見て、自らの健康を維持するために必要なことを把握します。そのため、労働者の健康を維持するという観点から、労働者への健康診断の結果の通知は必要な行為だといえます。

ただし、例外的に、労働者が重病にかかっている場合には、その内容を告知する方法が制限されています。重病であることを労働者に告知すると、労働者がパニックに陥る可能性があります。そのため、重病の告知は、労働者がパニックになったとしてもそれに対応できる医療関係者が行う必要があります。仮に、重病であることを告知された労働者がパニックに陥って、労働者が損害を受けた場合には、会社が不法行為に基づき損害賠償責任を負う可能性があります。

第4章　職場で行う健康診断とメンタルヘルス対策

● 従業員がメンタルヘルス疾患と診断された場合の対応

　事業者は、労働者に対して、労働者の健康を維持する義務を負っています。そのため、労働者がメンタルヘルス疾患に罹患していると判明した場合には、メンタルヘルス疾患が悪化しないような措置を講じる必要があります。具体的には、労働者の作業内容を負担の少ないものに変更したり、労働時間を短縮するなどの措置を講じます。また、メンタルヘルス疾患を専門とする医師の意見を求めることも必要です。医師の意見を踏まえて治療のために効果的な方法を模索することになります。

　仮に、労働者がメンタルヘルス疾患に罹患しているにもかかわらず、何らの対策を講じなかったために症状が悪化した場合には、会社は安全配慮義務違反を理由に、労働者に対して損害賠償責任を負います。

● メンタルヘルスに関する情報の取扱い

　メンタルヘルスに関する情報は、個人の健康に関する情報、つまり個人情報であるため、とりわけ慎重に扱う必要があります。

　原則としては、メンタルヘルスに関する情報は、当初の目的以外の目的のために用いず、情報を外部の者に提供することも厳しく制限することが必要です。

　もし、メンタルヘルスに関する情報の取扱いに不手際があったことで労働者に損害が生じた場合、会社は労働者に対して不法行為に基づく損害賠償責任を負います。また、労働者の同意を得ずに、会社がメンタルヘルスに関する検査を実施することは許されません。かつて、会社が労働者の同意を得ることなくHIVの検査を実施したことに労働者が抗議して、それが裁判に発展しました。裁判所は、労働者のプライバシーを侵害する行為であるとして、会社の行為は不法行為に該当すると判断し、会社は労働者に対して損害を賠償する責任を負うとしました。同じように、会社が労働者の同意を得ずにメンタルヘルスに関する検査を実施することは不法行為となり損害賠償責任が発生する可能性があります。

130

② ストレスチェックについて知っておこう

定期健康診断のメンタル版といえる制度

● どんな制度なのか

近年、仕事や職場に対する強い不安・悩み・ストレスを感じている労働者の割合が高くなりつつあることが問題視されています。

こうした状況を受けて、職場におけるストレスチェック（労働者の業務上の心理的負担の程度を把握するための検査）が義務化されています。ストレスチェックの目的は、労働者自身が、自分にどの程度のストレスが蓄積しているのかを知ることにあります。自分自身が認識していないうちにストレスはたまり、状態が悪化してしまうと「うつ病」などの深刻なメンタルヘルス疾患につながってしまいます。そこで、ストレスが高い状態の労働者に対して、場合によっては医師の面接・助言を受けるきっかけを作るなどにより、メンタルヘルス疾患を未然に防止することがストレスチェックの最大の目的です。

会社が労働者のストレス要因を知り職場環境を改善することも重要な目的です。職場環境の改善とは、仕事量に合わせた作業スペースの確保、労働者の生活に合わせた勤務形態への改善などが考えられます。

また、仕事の役割や責任が明確になっているか、職場での意思決定への参加機会があるかの他、作業のローテーションなども職場環境の改善に含まれます。このような環境改善によって、労働者のストレスを軽減し、メンタルヘルス不調を未然に防止することが大切です。

ストレスチェックは平成27年（2015年）12月から施行されている制度で、定期健康診断のメンタル版です。会社側が労働者のストレス状況を把握することと、労働者側が自身のストレス状況を見直すことができる効果があります。

第4章　職場で行う健康診断とメンタルヘルス対策　131

具体的には、労働者にかかるストレスの状態を把握するため、アンケート形式の調査票に対する回答を求めます。調査票の内容は、仕事状況や職場の雰囲気、自身の状態や同僚・上司とのコミュニケーション具合など、さまざまな観点の質問が設けられています。ストレスチェックで使用する具体的な質問内容は、会社が自由に決定することができますが、厚生労働省のホームページから「標準的な調査票」を取得することも可能です。職場におけるストレスの状況は、職場環境に加え個人的な事情や健康など、さまざまな要因によって常に変化します。そのため、ストレスチェックは年に1回以上の定期的な実施が求められています。

● どんな会社でもストレスチェックが行われるのか

　ストレスチェックの対象になるのは、労働者が常時50人以上いる事業場です。この要件に該当する場合は、年に1回以上のストレスチェックの実施が求められています。ストレスチェックを義務付けられた事業所のうち、ストレスチェックの受検率は78.1％となっています（令和2年3月現在）。対象となる労働者は、常時雇用される労働者で、一般健康診断の対象者と同じです。無期雇用の正社員に加え、1年以上の有期雇用者のうち労働時間が正社員の4分の3以上である者（パートタイム労働者やアルバイトなど）も対象です。派遣労働者の場合は、所属する派遣元で実施されるストレスェックの対象になります。

　なお、健康診断とは異なり、ストレスチェックを受けることは労働者の義務ではありません。つまり、労働者はストレスチェックを強制されず、拒否する権利が認められています。しかし、ストレスチェックはメンタルヘルスの不調者を防ぐための防止措置であるため、会社は拒否をする労働者に対して、ストレスチェックによる効果や重要性について説明した上で、受診を勧めることが可能です。

　ただし、あくまでも「勧めることができる」だけであり、ストレスチェックを強制することは許されません。また、ストレスチェックを

拒否した労働者に対して、会社側は減給や賞与のカット、懲戒処分などの不利益な取扱いを行ってはいけません。反対に、ストレスチェックによる問題発覚を恐れ、労働者に対してストレスチェックを受けないよう強制することもできません。

● ストレスチェック実施時の主な流れ

　ストレスチェックは、労働者のストレス状況の把握を目的とするメンタル版の定期健康診断です。ストレスチェック義務化に伴い、会社としては、これまで以上に体系的な労働者のストレス状況への対応が求められることになります。ストレスチェックについては、厚生労働省により、前述の調査票をはじめとしたさまざまな指針などが定められています。特に、労働者が安心してチェックを受けて、ストレス状態を適切に改善していくためには、ストレスという極めて個人的な情報について、適切に保護することが何よりも重要です。そのため、会社がストレスチェックに関する労働者の秘密を不正に入手することは許されず、ストレスチェック実施者等には法律により守秘義務が課さ

■ ストレスチェックの対象労働者 ……………………………………

事業所規模	雇用形態	実施義務
常時 50人以上	正社員	義務
	非正規雇用者 （労働時間が正社員の3/4以上）	義務
	上記以外の非正規雇用者、 1年未満の短期雇用者	義務なし
	派遣労働者	派遣元事業者の規模が50人以上なら義務
常時 50人未満	正社員	努力義務
	非正規雇用者 （労働時間が正社員の3/4以上）	努力義務
	上記以外の非正規雇用者、 1年未満の短期雇用者	義務なし
	派遣労働者	派遣元事業者の規模が50人未満なら努力義務

第4章　職場で行う健康診断とメンタルヘルス対策　**133**

れ、違反した場合には刑罰が科されます。

ストレスチェックの具体的な内容については、次のようなものです。

① 会社は医師、保健師その他の厚生労働省令で定める者（以下「医師」という）による心理的負担の程度を把握するための検査（ストレスチェック）を行わなければならない。

② 会社はストレスチェックを受けた労働者に対して、医師からのストレスチェックの結果を通知する。なお、医師は、労働者の同意なしでストレスチェックの結果を会社に提供してはならない。

③ 会社はストレスチェックを受けて医師の面接指導を希望する労働者に対して、面接指導を行わなければならない。この場合、会社は当該申出を理由に労働者に不利益な取扱いをしてはならない。

④ 会社は面接指導の結果を記録しておかなければならない。

⑤ 会社は面接指導の結果に基づき、労働者の健康を保持するために必要な措置について、医師の意見を聴かなければならない。

⑥ 会社は医師の意見を勘案（考慮）し、必要があると認める場合は、就業場所の変更・作業の転換・労働時間の短縮・深夜業の回数の減少などの措置を講ずる他、医師の意見の衛生委員会等への報告その他の適切な措置を講じなければならない。

⑦ ストレスチェック、面接指導の従事者は、その実施に関して知った労働者の秘密を漏らしてはならない。

● 届出や報告などは不要なのか

常時50人以上の労働者を使用する事業場において、ストレスチェックを1年に1回実施する必要があります。実施時期については指定されていないため、会社の都合で決定することができます。繁忙期や異動が多い時期は避ける傾向にあるようですが、一般的には、定期健康診断と同時に行われているようです。また、頻度についても年に1回と定められているだけで、複数回実施することも可能です。

ストレスチェックを実施した後は、心理的な負担の程度を把握するための検査結果等報告書（次ページ）を労働基準監督署長へ提出しなければなりません。検査結果等報告書には、検査の実施者は面接指導の実施医師、検査や面接指導を受けた労働者の数などを記載します。ただし、ここで記載する面接指導を受けた労働者の人数には、ストレスチェック以外で行われた医師の面談の人数は含みません。
　また、提出は事業場ごとに行う必要があるため、事業場が複数ある会社が、本社でまとめて提出するという形をとることは不可能です。
　なお、雇用労働者が常時50人未満の会社の場合は、そもそもストレスチェックの実施が義務付けられていないため、報告書の提出義務はありません。

● 実施しなくても罰則はないのか

　ストレスチェックを実施しなかった場合の罰則規定は特に設けられていません。ただし、労働基準監督署長へ検査結果等報告書を提出しなかった場合は、罰則規定の対象になります。ストレスチェックを実施しなかった場合においても、労働基準監督署長へ報告書を提出しなければなりません。

■ ストレスチェック実施後の流れ

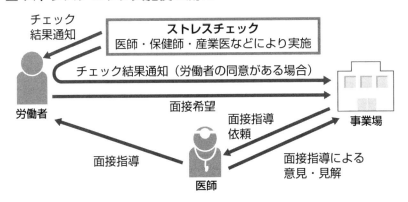

書式　心理的な負担の程度を把握するための検査結果等報告書

様式第6号の3（第52条の21関係）（表面）

心理的な負担の程度を把握するための検査結果等報告書

80501	労働保険番号	1 1 1 1 1 1 1 1 1 1 1 1 1 1 1 1 1 1 1 1 1 1 1

都道府系　所家　管轄　　　　基幹番号　　　　　枝番号　　統一所事業場番号

対象年	7：平成 9：令和 →	元号 9　年 04　年分		検査実施年月	7：平成 9：令和 →	元号 9　年 04 10 月 1～9年は右↑ 1～9月は右↑

事業の種類	電気機械器具製造業	事業場の名称	GMM株式会社

事業場の所在地	郵便番号（160-0000） 東京都新宿区南新宿1－26－1　　電話　○○○（××××）△△△△

				在籍労働者数	125 人 右に詰めて記入する↑

検査を実施した者	1	1：事業場選任の産業医 2：事業場所属の医師（1以外の医師に限る。）、保健師、歯科医師、看護師、精神保健福祉士又は公認心理師 3：外部委託先の医師、保健師、歯科医師、看護師、精神保健福祉士又は公認心理師	検査を受けた労働者数	113 人 右に詰めて記入する↑

面接指導を実施した医師	1	1：事業場選任の産業医 2：事業場所属の医師（1以外の医師に限る。） 3：外部委託先の医師	面接指導を受けた労働者数	2 人 右に詰めて記入する↑

集団ごとの分析の実施の有無	1	1：検査結果の集団ごとの分析を行った 2：検査結果の集団ごとの分析を行っていない

産業医	氏名	間　太朗
	所属機関の名称及び所在地	東新宿病院　新宿区東新宿3－5－2

令和7年　2月　4日　　　　　GMM株式会社

事業者職氏名　産業　太郎

新宿　労働基準監督署長殿

受付印

折り曲げる場合は、◀の所を谷に折り曲げること

3 社員がうつ病になったらどうする

メンタルヘルス対策も事業者の義務

◉ 職場でのメンタルヘルス対策は重要

　近年、うつ病などの精神疾患にかかる人が増加しています。うつ病を発症する原因はさまざまですが、仕事のストレスや職場の人間関係などが原因となることもあります。中にはそのうつ病が原因で自殺してしまう人もいます。このような事態が起これば、会社側は優秀な人材を失うことになりますし、他の社員にも多大な影響を与えます。何よりも、社員が業務上の問題でうつ病になるということ自体、その会社のどこかに何らかの問題が潜んでいることを示唆しているといえます。

　職場においてメンタルヘルス対策を行うことは、職場をより働きやすい環境にするための対策にもなります。実際に精神疾患を発症した従業員だけでなく、現在は健康な従業員にとっても、経営者にとっても、重要なことだといえるでしょう。

◉ どんなケースが考えられるのか

　従業員がうつ病などの精神疾患を発症する業務上の要因としては、たとえば次のようなケースが挙げられます。

・長時間労働や休日出勤などにより、疲労が重なった
・重大なプロジェクトを任された
・海外などへの出張が多かった
・取引先とトラブルを起こした
・重いノルマを課せられた
・上司や部下、同僚との人間関係がうまくいかなかった
・セクハラやパワハラを受けた

第4章　職場で行う健康診断とメンタルヘルス対策　137

● 精神障害は労災にあたるのか

　前述のような要因で精神疾患を発症した労働者が、休職することになったり自殺するようなことが起こった場合、労災保険による補償を受けることができるのでしょうか。

　労働者がうつ病などの精神疾患を発症したという精神障害が労災として補償されるのかが、裁判で争われることもあります。

　以前は精神障害と業務との間の因果関係を証明することが難しいという理由で、労災認定されるケースはまずありませんでした。近年でも因果関係の証明が難しいことは変わりありませんが、判例などを見ると労災認定されるケースが確実に増えてきています。

　そこで、厚生労働省は、精神障害の労災認定の基準として、心理的負荷による精神障害の認定基準を作成しています。この認定基準は、平成11年に示された「心理的負荷による精神障害等に係る業務上外の判断指針について」という指針を改善したものです。

　認定基準では、労働者に発病する精神障害は、ⓐ業務による心理的負荷、ⓑ業務以外の心理的負荷、ⓒそれぞれの労働者ごとの個人的要因の３つが関係して起こることを前提とした上で、次の①～③のすべての要件を満たすものを業務上の精神障害として扱うとしています。

① **対象疾病を発病していること**

　判断指針における「対象疾病に該当する精神障害」は、原則として国際疾病分類第10回修正版（ICD-10）第Ⅴ章「精神および行動の障害」に分類される精神障害とされています。

② **対象疾病の発病前おおむね６か月の間に、業務による強い心理的負荷が認められること**

　業務による心理的負荷の強度の判断にあたっては、精神障害発病前おおむね６か月の間に、対象疾病の発病に関与したと考えられる業務による、どのような出来事があり、また、その後の状況がどのようなものであったのかを具体的に把握し、それらによる心理的負荷の強度

はどの程度であるかについて、認定基準の「業務による心理的負荷評価表」を指標として「強」「中」「弱」の3段階に区分します（下図）。具体的には次のように判断し、総合評価が「強」と判断される場合には、②の認定要件を満たすものと判断されることになります。

・「特別な出来事」に該当する出来事がある場合

　発病前おおむね6か月の間に、「業務による心理的負荷評価表」の「特別な出来事」に該当する業務による出来事が認められた場合には、心理的負荷の総合評価が「強」と判断されます。

・「特別な出来事」に該当する出来事がない場合

　「特別な出来事」に該当する出来事がない場合は、認定基準が定める「具体的出来事」に該当するか（または「具体的出来事」に近いか）の判断、事実関係が合致する強度、個々の事案ごとの評価、といった方法により心理的負荷の総合評価を行い、「強」「中」または「弱」の評価をします。なお、パワハラ防止対策強化の法制化に伴い、具体的出来事にパワーハラスメントが追加されています。人格や人間性を否定するような業務上明らかに必要のないまたは業務の目的を逸脱した精神攻撃が執拗に行われた場合などが該当します。

■ 心理的負荷の強度についての強・中・弱の区分

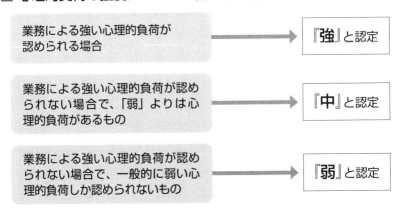

・**出来事が複数ある場合の全体評価**

　対象疾病の発病に関与する業務による出来事が複数ある場合、それぞれの出来事の関連性などを考慮して、心理的負荷の程度を全体的に評価します。

・**時間外労働時間数の評価**

　長時間労働については、たとえば、発病日から起算した直前の1か月間におおむね160時間を超えるような極度の時間外労働を行った場合などについては、当該極度の長時間労働に従事したことのみで心理的負荷の総合評価が「強」とされます。

③　**業務以外の心理的負荷及び個体側要因により対象疾病を発病したとは認められないこと**

　「業務以外の心理的負荷」が認められるかどうかは、認定基準が定める「業務以外の心理的負荷評価表」を用いて検討します。評価の対象となる出来事としては、次のようなものが挙げられています。

・**自分の出来事**

　離婚や別居をした、重い病気にかかった、ケガをした、流産した場合など

・**自分以外の家族・親族の出来事**

　配偶者や子供、親または兄弟が死亡した、配偶者や子供が重い病気にかかったり、ケガをした場合など

・**金銭関係**

　多額の財産を損失したまたは突然大きな支出があった場合など

・**事件、事故、災害の体験**

　天災や火災などに遭ったまたは犯罪に巻き込まれた場合など

　つまり、②の認定基準において、業務による強い心理的負荷が認められたとしても、業務以外の心理的負荷や個体側要因が認められる場合には、どの要因が最も強く精神障害の発症に影響したかを検討した上で最終的な評価が出されるということです。

メンタルヘルスへの取り組みはどのように行えばよいのか

労働者と事業主双方の協力が必須

● どのように取り組んでいったらよいのか

　事業場がメンタルヘルスの問題に取り組む際には、何をどのように進めていくのか、どの範囲まで事業所が関わる必要があるのかといったことが問題になります。事業場内で起こる突発的な事故や中皮腫をはじめとする職業病など、身体的なケガや病気と違い、メンタルヘルスは発症の原因が多岐にわたるため、明確な対策が立てにくいという特徴があります。そのような現状を踏まえ、厚生労働省は、「労働者の心の健康の保持増進のための指針」の中で、メンタルヘルス対策を行うにあたっては、まず各事業場における労働安全衛生に関する計画の中に、事業場ごとの実態を考慮して策定した「心の健康づくり計画」を位置付けることが望ましいと示唆しています。

　「心の健康づくり計画」の策定にあたって定めるべき事項としては、次のような項目が挙げられています。

- 事業者がメンタルヘルスケアを積極的に推進する旨の表明
- 事業場における心の健康づくりの体制の整備
- 事業場における問題点の把握及びメンタルヘルスケアの実施
- メンタルヘルスケアを行うために必要な人材の確保と外部専門機関等の活用
- 労働者の健康情報の保護
- 心の健康づくり計画の実施状況の評価及び計画の見直し
- その他労働者の心の健康づくりに必要な措置

以上の項目だけを見ると、計画の内容はどんな企業でも大差ないように思われるかもしれませんが、そうではありません。一口にメンタルヘルスと言っても、各事業場が問題視しているポイントはそれぞれ違います。たとえば外部との接触が少なく、ストレスがたまりやすい事業場ではストレス軽減のための予防対策に重点を置きたいと考えるでしょうし、すでに心の健康を害して休職している労働者が多く出ている職場では、予防だけでなく復職後の対応が問題になっているといった具合です。計画を立てる際には、何よりもまず各事業場の現状を正確に把握することが重要になるといえるでしょう。

● いろいろなケアの仕方がある

　「心の健康づくり計画」に盛り込む具体的なメンタルヘルスケアの方法としては、次のようなものがあります。

① セルフケア

　労働者自身が行うメンタルヘルスケアです。ストレスや心の健康についての理解を深め、みずからストレスや心の問題を抱えていることに気づくこと、気づいた際にどのような対処方法があるかを知ることなどがその内容となります。

　事業者は、研修の機会を設けるなど、労働者がセルフケアをすることができるよう、支援することが求められます。

② ラインによるケア

　管理監督者（上司など）が行うメンタルヘルスケアです。労働者の労働条件や職場環境などをチェックし、過重なストレスがかかっている場合などには改善を進めていきます。また、何らかの問題を抱えた労働者の相談を受ける窓口としての役割を担うことも求められます。事業者は、管理監督者がこのようなケアを実施することができるよう、教育する必要があります。

③ 事業所内のスタッフ等によるケア

事業場内に設置した専門スタッフによるメンタルヘルスケアです。専門的な立場から助言・指導などを行う産業医や衛生管理者、保健師、心の健康づくり専門スタッフ（産業カウンセラー、臨床心理士、心療内科医など）等が相談を受け付ける他、セルフケアやラインによるケアなどが効果的に行われるよう、支援する役割を担います。事業者は、その実情に応じて必要な専門スタッフを配置します。

④　事業所外の専門機関等によるケア

社内に専門スタッフを配置できない場合やより専門的な知識を必要とする場合などには、事業場外の専門機関を活用してメンタルヘルスケアを行うのも一つの方法です。

主な専門機関としては、メンタルヘルス対策支援センターなどの公的機関の他、民間の専門医療機関などがあります。

● メンタルヘルス対策をする上で大切なこと

計画を立て、実際にメンタルヘルス対策を実行していく際には、次のような点を念頭に置いておく必要があります。

①　メンタルヘルスの特性

人が心の健康を害する要因はさまざまです。同じ職場環境下に置かれても、本人の性格的なことやプライベートの状況などによって発症する人もいればしない人もいます。症状にも個人差がありますし、治癒までの過程も千差万別です。また、突然症状が現れたように見えても、実は長い時間をかけて負荷がかかり続けていたという場合も多く、原因が把握しにくいという特性があります。問題があっても周囲がなかなか気づくことができず、本人もある程度自覚はありながら積極的に治療しないというケースも多いので、定期的なチェックが望ましいといえるでしょう。

②　労働者のプライバシー保護

メンタルヘルス対策は、労働者の心という最もプライベートな部分

第4章　職場で行う健康診断とメンタルヘルス対策　143

に踏み込む行為です。その情報が確実に保護されるという保証がなければ、労働者は相談したり、情報を提供すること自体を躊躇してしまいます。情報を外部に漏らさない、必要なこと以外には使用しない、使用にあたっては本人や医師などの同意を得るなど、プライバシー保護に関して細心の注意を払うことが重要です。

③　人事労務管理との協力

　企業におけるメンタルヘルスの問題は、労働時間や業務内容、配属・異動といった人事労務の部分が密接に関係してきます。相談窓口を設けたり、個人情報の保護に配慮するなどの対策を講じても、人事労務部門との連携が不十分であれば、その対策の効果が半減してしまいますので、協力してメンタルヘルス対策に取り組んでいく体制を整える必要があります。

● 予防から再発防止まで

　メンタルヘルス対策には、ⓐ発症そのものを予防する対策、ⓑ発症を早期発見・早期治療する対策、ⓒ治療後の再発を予防する対策という3つの段階があります。この3つの段階は、それぞれ1次予防、2次予防、3次予防などと呼ばれています。具体的な内容としては、次のようなものが挙げられます。

①　1次予防

　労働者に対し、メンタルヘルスに関する啓発・研修などを行ったり、職場の状況を調査し、過度なストレスがかかっていると判断される場合は組織変更や勤務態勢の変更など必要な対処を行います。1次予防の具体的な方法としては、次のようなものが挙げられます。

・セルフチェックの定期実施

　自己診断のチェックシートなどを利用したセルフチェックを定期的に行い、労働者自身が自分のストレス度を客観的に把握し、ストレス解消を心がけることができるようにします。

・アンケート調査や聞き取り調査の定期実施

　アンケート調査や管理監督者や専門家等による聞き取り調査を定期的に実施し、課題の把握に努めます。

・気軽に相談できる環境づくり

　労働者は「相談したら仕事の評価に影響するのではないか」「バカにされたり怒られるのではないか」と考えると、何らかの問題があってもなかなか相談できません。このような悩みを抱えず、早目に相談できるような環境を作っておくことも重要です。

② 2次予防

　メンタルヘルス疾患は長期にわたって少しずつ蓄積していくことが多く、期間が長くなればなるほど解決は困難になっていきますので、できるだけ早い気づきと対応が望ましいといえます。

　メンタルヘルス疾患を早期に発見し、早期に対応するための対策を2次予防といいます。セルフチェックや管理監督者によるチェックでメンタルヘルスの問題に早期に気づき、必要に応じて専門家によるケアを受けます。

③ 3次予防

　休職など治療を受けるための体制を整えたり、復職の際のフォローの体制を構築し、再発防止に努めます。

■ 予防・再発防止のための対策

1次予防	2次予防	3次予防
労働者のメンタルヘルス不調を未然に防止する対策をとること	メンタルヘルス不調を早期に発見し、早期に適切な措置を講じるための対策をとること	メンタルヘルス不調から回復して復職する労働者に対して、円滑な復職と再発防止対策をとること

相談 メンタルヘルス対策と外部専門機関の活用

Case 職場でのメンタルヘルス対策として、外部の専門機関などを活用することを考えていますが、具体的にはどのように進めていけばよいのでしょうか。

回答 たとえば、社員の健康診断などの場合は、社外の医療機関にそのまま委託することで足ります。しかし、メンタルヘルス対策の場合は、人事労務の部分などが複雑に関連することもあり、丸投げをするわけにはいきません。

　そのため、まずは社内に対応の窓口を作り、窓口が中心になって活動する中で、必要に応じて外部機関と連携し、会社では対応し切れない部分を補ってもらう、という体制を構築する方法が効果的となります。連携をとる外部機関には、主に以下のようなものがあります。

① **メンタルヘルス対策支援センター**

　独立行政法人労働者健康安全機構（旧：独立行政法人労働者健康福祉機構）が厚生労働省の委託を受けて設置している機関です。全国47都道府県の「産業保健総合支援センター」に設置されており、事業者からの相談受付や、専門家による事業場への訪問支援、研修などを行っています。実際にメンタルヘルスに関して悩みを抱えている労働者の相談に乗ることはもちろん、メンタルヘルスケアに必ずしも明るくない事業者に対して、事業場内で行うべき体制づくりに関するアドバイスなども行います。

② **民間医療機関**

　精神科や心療内科などの診療科を開設している病院や診療所です。別途労働者のメンタルヘルスサポートを行う窓口を設け、メンタルヘルス疾患を発症した労働者本人はもちろん、予防対策や家族のサポートなどを含めて対応を行っているところもあります。

管理監督者はここに気を配る

部下を受容する姿勢で接する

● 何がきっかけでメンタルヘルス不調になるのか

　仕事の場においてメンタルヘルス疾患の原因となる事象としては、過重労働になっている、仕事を任せてもらえない、ノルマが厳しい、過度な期待をかけられる、パワハラ・セクハラを受けている、職場の人間関係が悪い、などが挙げられます。ただ、通常はこのような事象に一度や二度遭遇したからといって突然発症するわけではなく、徐々にストレスが蓄積していくのが一般的です。最初は自分で体調の変化に気づいても、「頑張れば何とかなる」と無理をしがちですが、だんだんと業務に支障をきたすことも増えていきます。このような状態になると、いっぱいになったコップの水が一滴の水滴によってあふれ出すのと同様に、上司のささいな一言や人事異動による職場環境の変化、新しい仕事への着手などといったことがきっかけで、急激にメンタルの状態が悪化してしまうこともあるのです。

　管理監督者は、そのような事態を招く前に、労働者のこころの健康状態を把握する必要があります。

● 本人の変化に気づくことが大切

　労働者がこころの健康を損なうようになると、業務上でもさまざまな変化が見られるようになります。一つひとつはささいな事象ですが、管理監督者は単に「やる気がない」「集中力が足りない」などと判断するのではなく、メンタルヘルス疾患の兆候かもしれないということを念頭に置いて部下を見ることが必要になります。特に次のような変化がないか、気をつけておくべきでしょう。

① 遅刻・早退・欠勤が増える

　メンタルヘルスに変調をきたすと、不眠が続いて朝起きられなくなったり、強い倦怠感を感じることが多くなります。このため、どうしても遅刻・早退・欠勤が増える傾向にあります。特に、今まで無遅刻無欠勤でまじめに勤務していた人が急に当日連絡で遅刻したり休んだりするようになった場合は、注意が必要です。

② 感情の起伏が激しい

　感情のコントロールができなくなるのも、メンタルヘルス疾患の特徴のひとつです。ささいなことで急に怒り出したり、泣き出す、ぼうっとしている時間が多くなる、昼食や飲み会などの誘いを断るようになる、などの現象が目につくようになります。

③ 業務上のミスが増える

　不眠や食欲減退などの症状が出始めると、どうしても集中力が低下し、必要な判断ができなくなります。このため、書類の記載ミスをしたり、電話やメールなどの連絡がきちんとできない、打ち合わせ時間を間違える、会議中に居眠りをしたり、ぼうっとして話を聞いていない、業務をスケジュールどおりに進行できないなど、業務に支障が出るようなミスを犯すことが多くなります。

● どのように接したらよいのか

　ある労働者がメンタルヘルス上の問題を抱えていることに気づいた場合、管理監督者はその人とどのように接していけばよいのでしょうか。

　勤務態度の悪化や業務上のミスといったことが続くと、業務進行の都合や他の社員の手前もあって、どうしても強く非難したり、制裁を与えるなどの方法で接してしまいがちです。また、強く励ましたり、優しく諭して発奮させようとする場合もあるでしょう。

　もちろん、相手の労働者が心身ともに健康な状態であれば、そのような方法も一定の効果がありますが、メンタルヘルス上の問題を抱え

ている労働者の場合、それがかえってストレスになり、状態が悪化してしまうことも少なくありません。

　そこで必要なことは、まずその労働者の話を聞くということです。「何だ、そんなことか」と思われるかもしれませんが、ただ「大丈夫か」と声をかけるだけでは、相手は本音を話してくれません。もっと悪いことは、途中で話をさえぎって説教を始めたり、自分の昔の武勇伝を話したりすることです。まずは、相手の話を黙って聞き、一緒に「それはつらかっただろう」「困ったな」などと共感を示すことが大切です。そういった信頼関係を気づいた上で、何らかの対応策を示していくことが求められます。

　メンタルヘルス上の問題を抱える労働者がいる場合、相手の立場になって会話をすることで本音を聞き出す、客観的に問題点を把握する、どのような形でサポートできるかを具体的に考え、必要な対応策を示す、といった技術を身につけることが必要になります。

■ 管理監督者が気を配ること

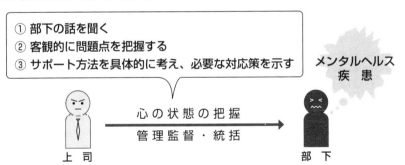

Column

欠勤や遅刻、早退時の取扱い

心の病などが原因で、仕事を休んだ労働者や、遅刻・早退した労働者の賃金の取扱いについては、労働しなかった分の給与を控除できるのが原則です（ノーワーク・ノーペイの原則）。

休んだ場合の控除額や控除額の計算方法については、労働基準法上では特に定めを置いていないので、会社は独自に控除額を判断することができます。実務上は就業規則や給与規程に規定を置いてそれに従って控除額を算出しています。

一般的な控除額の算出方法としては、「月給額÷1年間の月平均所定労働日数×欠勤日数」で算出するという方法をとっている事業所が多いようです。遅刻や早退などで1時間あたりの控除額を算出する場合は「月給額÷1年間の月平均所定労働日数÷1日の所定労働時間」で控除額を求めます。また、「月給額÷該当月の所定労働日数×欠勤日数」で算出することにしている事業所もあります。ただ、この方法で計算する場合は、毎月控除額が変わるため、給与計算処理が面倒になるというデメリットがあります。

ただし、休んだ日数、遅刻した時間数以上に控除することはできません。また、10分の遅刻に対し、1時間分の賃金を控除することはできません。一般的な控除額の算出方法としては、欠勤1日につき1年間の月平均所定労働日数分の1を控除するという方法をとっている事業所が多くあります。遅刻や早退などで1時間あたりの控除額を算出する場合はさらに1日の所定労働時間で割って控除額を求めます。

なお、無断の遅刻や早退、欠勤には、職場の規律違反行為として一定の制裁を科すことができます。ただし、制裁として給与を減額する場合は、制裁1回の金額が平均賃金の1日分の半額を超えてはならず、かつ一賃金支払期における制裁の総額はその一賃金支払期の賃金の総額の10分の1を超えてはいけません。

第5章

休職をめぐる法律知識

休職とはどのような制度なのかを知っておこう

使用者が行う一定期間の労働義務を免除する処分のことである

● 休職と休職期間中の取扱いについて

　一般に休職とは、労働者側の事由により、働くことができなくなった場合に、使用者が一定期間の労働義務を免除する処分です。

　労働基準法に根拠があるわけではなく、各々の企業において労働協約や就業規則で定めるのが通常です。休職を認めるケースは、ハラスメント被害により心身の病気にかかる他、さまざまで、次ページ図のとおりです。

　休職期間中の取扱いは、休職中も労働関係は解消されずに存続しているため、就業規則は原則として適用されることになります。

　もっとも、休職中は労務の提供はなく、休職事由も使用者に責任があるわけではありません。有給とするか無給とするか、休職期間を勤続年数に算入するかどうかは、個々の休職のケースや企業によって違ってきます。一般的には「ノーワーク・ノーペイの原則」によって休職期間中の賃金を無給とするケースが多いようです。休職を認める期間や復職に際しての条件、復職後の待遇などについては、休職者に交付する休職辞令に記載しておくのがよいでしょう。

　なお、私傷病休職を行う場合、本人には休業4日目より、健康保険から標準報酬日額の3分の2の傷病手当金が支払われることになります。

　ここで注意しなければならないのは、傷病手当金（201ページ）と会社から支給される賃金との兼ね合いです。

　私傷病休職中に会社が1日につき標準報酬日額の3分の2以上の賃金を支給した場合は、傷病手当金は不支給となります。また、会社が1日につき支払った賃金が標準報酬日額の3分の2に満たない場合に

は、差額が支給されることになります。

● 休職の要件・休職後の取扱いについて

休職は、就業規則や労働協約などに基づいて、使用者が一方的意思表示により発令するのが一般的です。どのような場合に休職を発令できるかは、個々の企業によって異なります。

休職期間中に休職事由がなくなれば、休職は終了して復職（職場復帰）となります。また、休職期間が満了したときも復職となります。いずれの場合も会社は理由なく復職を拒むことはできません。

■ 労働者の事情による休職制度のまとめ

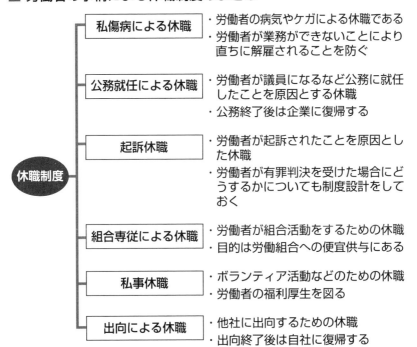

書式　私傷病休職取扱規程

私傷病休職取扱規程

第1条（目的）　本規程は、「就業規則」第○条（休職）のうち、私傷病により休職しようとする従業員につき、休職が認められる要件ならびに手続上の遵守事項等につき必要な事項を定めるものである。

2　本規程に定めのない事項につき個別の雇用契約に定めがある場合には、その定めるところによる。

第2条（本規程の適用範囲）　本規程の適用対象は、私傷病を原因とする欠勤が1か月に及び、休職を必要とする従業員とする。

第3条（休職者）　従業員が業務外の傷病により欠勤し、1か月を経過しても治らない場合、会社は従業員からの申請に基づき休職を命じることができる。ただし、本規程第6条（休職期間）に定める休職期間中に治癒（回復）の見込みがないと認める場合、会社は休職を命じないことがある。

第4条（休職の要否判断）　会社は前条における休職の要否を判断するにあたり、従業員からその健康状態を記した診断書の提出を受ける他、会社の指定する産業医もしくは専門医の意見を聴き、これらの意見に基づき要否の判断を行うものとする。

2　休職制度の適用を希望する者は、前項の判断を行うにあたり会社が必要と認める場合、会社に対して主治医宛の医療情報開示同意書を提出するものとする。

第5条（休職発令時の調査）　従業員は、会社が前条の検討を行う目的で、その主治医、家族等の関係者から必要な意見聴取等を行おうとする場合には、会社がこれらの者と連絡をとることに同意

する等、必要な協力をしなければならない。

2　従業員が、前項で定める必要な協力に応じない場合、会社は休職を発令しない。

第6条（休職期間）　会社が本規程に基づき従業員を休職させる場合、休職期間は以下のとおりとする。

勤続年数が3年未満　　　　　　　　　　　なし

勤続年数が3年以上10年未満　　　　　　　3か月

勤続年数が10年以上　　　　　　　　　　　6か月

2　復職後、同一または類似の事由による休職の中断期間が3か月未満の場合は前後の休職期間を通算し、連続しているものとみなす。また、症状再発の場合は、再発後の期間を休職期間に通算する。休職期間が満了しても休職事由が消滅しない場合には、休職期間が満了する日の翌日をもって退職とする。

第7条（休職期間中の待遇、報告義務等）　休職期間中の賃金は無給とする。

2　休職期間は、退職金の算定期間における勤続期間に通算しないものとする。ただし、年次有給休暇の付与に関する勤続期間については通算するものとする。

3　休職期間中の健康保険料（介護保険料を含む）、厚生年金保険料、住民税等であって従業員の負担分については、指定期限までに会社に支払わなければならない。

4　本規程に基づき休職する従業員は、休職期間中主治医の診断に従い療養回復に努めるとともに、原則として毎月、治療の状況、休職の必要性等について、これを証する診断書等を添えて会社に報告しなければならない。

5　診断書作成費用等は、会社による別段の指示がない限り、従業員本人の負担とする。本規程第3条（休職者）の休職申請ならび

第5章　休職をめぐる法律知識　**155**

に次条以降の復職申請においても同様とする。

第8条（復　職）　会社は休職中の従業員の申請に基づき、休職事由が消滅したと認められた場合には、当該従業員を旧職務に復帰させることとする。ただし、やむを得ない事情がある場合には、旧職務と異なる職務に配置することがある。

2　復職後の職務内容、労働条件その他待遇等に関しては、休職の直前を基準とする。ただし、回復の状態により、復職時に休職前と同程度の質・量・密度、責任の度合いの業務に服することが不可能で、業務の軽減等の措置をとる場合には、その状況に応じた降格・賃金の減額等の調整をなすことがある。

第9条（復職申請と調査）　本制度により休職した従業員が復職しようとする場合、所定の復職申請書と医師の診断書を提出しなければならない。

2　前項に基づく復職申請があった場合、会社は復職の可否を判断するため、必要に応じ、従業員に対し主治医宛の医療情報開示同意書の提出を求め、または会社の指定する医療機関での受診を命じることができる。

第10条（復職の判定）　会社は前条の調査により得られた情報をもとに専門医から意見を聴き、復職の可否および復職時の業務軽減措置等の要否・内容について決定するものとする。

第11条（欠勤期間の中断）　欠勤中の従業員が出勤を開始する場合、連続6勤務日以上の正常勤務（正常勤務とは1日の勤務時間が7時間以上をいう）をしない場合は欠勤期間は中断されないものとし、正常出勤期間を除き前後を通算する。

第12条（リハビリ出勤制度）　会社は、指定する医師の判断により休職中の従業員に対しリハビリ勤務を認めることが復職可否の判断に有益と認められる場合、休職者の申請に基づき、リハビリ出

勤を認めることがある。

2　前項のリハビリ出勤は、復職可否の判定のために上記医師の指示の下に試行されるものとし、休職期間に通算する。

第13条（リハビリ出勤中の賃金等）　前条に定めるリハビリ出勤中の賃金については、休職前の賃金によらず、その就労実態に応じて無給ないし時間給とし、その都度会社の定めるところによる。

第14条（復職後の責務等）　復職した従業員は、職場復帰後も、健康回復の状態、仕事の状況、職場の人間関係等について、所属長、健康管理スタッフ等に必要な報告を怠ってはならない。

2　復職した従業員は、復職後も治療を続ける場合は、服薬等について主治医の指示に従い、回復に努めるものとする。

附　　則

1　この規程は、令和○年○月○日に制定し、同日実施する。

2　この規程を制定・改廃する場合は、従業員の過半数代表者の意見を聴いて行う。

（制定・改廃記録）

制定　　令和○年○月○日

相談 休職中の賃金・税金など

Case 病気やケガにより、会社を休職しなければならなくなった場合に、休職期間中の給与を支払ってもらえる場合があるのでしょうか。

回答 休職中の労働者からは労務の提供がありません。また、休職事由が労働者の事情による場合は、会社（使用者）が責任を負う必要はありません。したがって、一般的にはノーワーク・ノーペイの原則に基づき、休職期間中の賃金を無給とするケースが多くあります。

また、休職中の労働者に手当を支給するか否かは、会社が自由に決定できます。休職期間を勤続年数に算入する否かなどの対応についても、個々の休職のケースや会社によって異なります。なお、退職金の額は勤続年数に応じて変化することが多いですが、休職期間を勤続年数に算入するかは企業側で決めることができます。

休職期間中の給与や賞与について規定が明確に定められていない場合、他の規定や過去の慣例を基に休職についての規定を解釈し、給与や賞与の取扱いを判断することになります。たとえば、労働者が欠勤した際の給与の取扱いについての規定がある場合、他の規定との整合性が考慮されます。また、休職した労働者に給与を支払われていた事実の有無などの過去の慣例も、1つの判断基準になります。

なお、休職中に給与が支給されない場合でも、住民税や社会保険料の支払いは発生します（所得税、雇用保険料の支払いは発生しません）。たとえば、住民税の支払いは、前年の所得に基づき6月から翌年5月まで毎月発生し、会社が給与から控除して市町村に納付しているからです（特別徴収）。そこで、休職で給与が支払われない場合は、会社から休職者に支払請求が行われ、求職者は会社に対して支払うことになります。

相談 私傷病休職の取得上の注意点

Case 私傷病休職の取得を検討しているのですが、どんなことに注意すればよいでしょうか。

回答 私傷病休職とは、業務外の事情による病気やケガによって労働者が働けなくなった際に一定期間休職することです。

私傷病休職制度の目的は、労働者に傷病の治療の機会を与え、労働者が職を失わないようにするという点にあります。まずは、以下のようなポイントについて、確認するとよいでしょう。

① 休職制度の対象者が正社員に限るか、契約社員等を含むか

② 1年以上など、継続して勤務している者に限られているか

③ 休職期間中の賃金は支払われないか

④ 休職期間は、賞与や退職金の算定期間の対象とされないか

⑤ 休職後再発した場合、休職日数は通算されるか

⑤で記載した休職期間の通算とは、「最初の休職→職場復帰→二度目の休職」という流れで労働者が休職した際に、最初の休職と二度目の休職を合算することです（次ページ図参照）。たとえば、「休職期間は1か月とする」という規定になっている場合、最初の休職と二度目の休職を合算しなければ、労働者は合計2か月間休職できることになります。そのような取得によって休職期間があまりに長期となるのを防ぐため、同一の休職事由による休職については、複数の休職期間を合算することが、私傷病休職取扱規程などで定められているケースが多いようです（155ページの第6条第2項を参照）。

また、私傷病休職を取得する際には、「復職の際に医師の診断書が必要である」「復職の可否については最終的には会社が判断する」など、復職するための条件も知っておく必要があります。

さらに、会社が私傷病休職を認めて休職辞令を発したため、労働者

第5章 休職をめぐる法律知識 **159**

が休職する場合における休職期間の取扱いについても把握することが必要です。主として私傷病休職、退職金、年次有給休暇に関する取扱いが会社ごとに異なります。

●私傷病休職

　私傷病休職を認める期間は勤続期間に応じて決まるのが一般的です（155ページの第6条第1項を参照）。勤続期間を確定する際に休職期間を含めて計算するかどうかは、会社が自由に決めることができます。会社の在籍期間が同じ労働者であっても、休職期間の有無によって、私傷病休職が認められる期間が変わる場合があります。

●退職金

　退職金は、労働者の勤続期間に応じて金額が決まります。退職金の算定基礎になる勤続期間に休職期間を含めるかどうかも、会社が自由に決めることができます。通常は、退職金算定の基礎となる勤続期間に休職期間は含まれません。

●年次有給休暇

　年次有給休暇は、算定対象となる継続勤務期間（全労働日）の8割以上の日数分を出勤することで発生します。私傷病休職による休職期間は、継続勤務期間には含まれますが、出勤日数には含まれません。そのため、休職期間が長期化して継続勤務期間の8割以上の日数分出勤できなければ、年次有給休暇は発生しないことになります。

■ 前の休職と後の休職の通算

「同一の休職事由による休職期間は1か月とする」と規定する場合

相 談 休職期間と有給休暇

Case メンタルヘルス疾患が原因で会社を休職している期間中（休職期間中）に、付与済みの有給休暇を行使して、給与の支払いを請求することは可能でしょうか。また、休職期間中に新たに有給休暇を取得する（会社から付与される）ことは可能でしょうか。

回 答 休職と有給休暇（年休）の趣旨は異なりますが、仕事を休むという点では共通した制度です。休職と有給休暇が重なる場合（休職期間中に有給休暇を取得・行使できるか、あるいは休職期間満了後に有給休暇を行使できるかという問題）を考えてみましょう。

　この問題については、以下のような行政通達が出されています。

　「休職発令により従来配属されていた所属を離れ、以後は単に会社に籍があるにとどまり、会社に対してまったく労働の義務を免除されたことになる場合において、休職発令された者が年次有給休暇を請求したときは、労働義務がない日について年次有給休暇を請求する余地のないことから、これらの休職者は、年次有給休暇請求権を行使できない」（昭31.2.13基収第489号）。

　つまり、有給休暇は、労働義務のある日に行使することが想定されている休暇であり、労働義務のない休職期間中に行使できるものではありません。「有給休暇を先に行使し、その後に休職期間に入る」「先に休職期間を設けて、休職期間経過後に有給休暇を行使する」といった取扱いであればかまいませんが、休職期間中に労働者が有給休暇の行使を求めても、これを会社は認める必要がないといえます。

　なお、有給休暇は前年度の出勤日数に応じて取得する（会社から付与される）ため、当初は有給休暇として休んでいた労働者が、有給休暇期間を超えて休職に入った場合は、8割以上の出勤率を満たせず、次年度は年次有給休暇の取得が困難になります。

第5章　休職をめぐる法律知識　161

休職をめぐるさまざまな問題について知っておこう

休職期間満了による退職は規定の明文化が大切

● 休職期間を満了するとどうなる

　休職は労働基準法には特別な定めはなく、一般的に就業規則で定められます。休職事由やその期間も会社が任意に定めることができます。ほとんどの場合、休職事由に応じた休職期間が設定されますので、休職期間満了と同時に復職することになります。しかし、休職事由が私傷病（労災とならない病気や負傷）の場合は、その治療期間が病状によりまちまちです。場合によっては治癒しないまま休職期間が満了してしまうことがあります。休職期間の満了時に休職事由が消滅していない場合の取扱いも、就業規則で定めることになりますが、一般的な運用では自然退職や解雇ということになります。確かに、労働者の長期の休職は、使用者にとっても業務的・経済的にも大きな負担になります。特に復職が期待できない場合には、新しい人員を雇用するという判断も考えられるところです。しかし、休職者を退職させるには、その判断には合理性が必要です。復職が可能であるにもかかわらず、故意や過失により、退職させてしまうと、退職が無効であると同時に、使用者に損害賠償義務が発生するおそれもあるため注意が必要です。

　この場合で気をつけなければならないのは、解雇として扱うときです。労働基準法では、労働者を解雇する際、労働者の帰責事由による解雇（懲戒解雇など）の場合などを除いて、30日前に予告するか30日分の予告手当を支払わなければならないからです。休職期間満了で復帰できないからといって懲戒解雇にはできませんので、解雇とする場合は通常の解雇の手続きによることになります。

　一方、自然退職の場合は、就業規則にきちんと規定しておけばトラ

ブルは避けられるでしよう。書式例としては、「休職期間満了時まで
に復職できないときは自然退職とする」といった規定となります。つ
まり定年到達と同じように、期日の到来により労働契約が終了します。
　休職は、労働者の健康管理の観点から発生した制度なので、会社に
とって、また、労働者にとってどのようなしくみが最適なのかを検討
することが重要だといえるでしょう。

● 休職期間中に定年を迎えるとどうなる

　定年は就業規則に定めることで、その年齢に達した時に労働契約が
終了します。注意したいのが、会社に対応を委ねられている再雇用や
継続雇用の制度です。「高年齢者等の雇用の安定等に関する法律」に
より、定年を定める場合は60歳以上とすることが義務付けられている
他、高年齢者雇用確保措置（65歳以上までの再雇用や継続雇用など）
が求められています。定年自体を65歳以上に設定する会社もあります
が、多くの会社は60歳定年のまま、再雇用または継続雇用の制度を導
入しています。その場合に、休職期間中に定年を迎えた労働者を再雇
用または継続雇用するかが問題となります。
　近年の法改正で、再雇用や継続雇用は原則として希望者全員が対象
となりました。ただし経過措置として、平成25年（2013年）３月31日
までに継続雇用の対象者の選定基準を労使協定で定めていた場合には、
令和７年（2025年）３月31日までに限り、選定基準に該当しない一定
年齢の労働者を継続雇用しないことができます。
　しかし、労使協定の定めがない場合であっても、心身の状態や勤務
態度が著しく悪いために労働者としての職責を果たせないなど、就業
規則で定める解雇事由や退職事由に該当する場合であれば、例外的に
継続雇用しないことができるとするのが厚生労働省の見解です。した
がって、就業規則で解雇条項や退職条項を定めておくことで、休職期
間中の労働者の継続雇用を断ることが可能になります。

第５章　休職をめぐる法律知識　**163**

休職中の社員の管理はどうすればよいのか

うつ病の休職者には負担をかけずに連絡し合うこと

● 定期的に連絡をする

　休職中は、出勤しないで療養に専念することになるので、休職者との連絡をしなくなってしまうこともあり得ます。しかし、病気静養中だからといって休職者との接触を敬遠するのではなく、十分な情報提供をして、精神的な孤独や復職できるかなどの不安を解消することや相談できる場を設けることが重要です。もっとも、これを休職者の報告義務としてしまうと休職者にとって大きな負担となりますので、その方法には注意が必要です。

　休職者との連絡においては、電話ではなくメールを活用するとよいでしょう。電話だとタイミングによっては休職者にとって苦痛になることもありますが、メールであれば体調のよい時に対応できるので、負担が軽くてすみます。しかも文字として記録が残るという利点もあります。また、連絡の窓口は一本化することも大切です。複数の人から接触されるのは休職者にとってストレスとなることもあります。日頃の仕事の直接の上司、部下、同僚より、離れた位置にいる労務担当者の方がよいでしょう。

● 病状の確認と復職の判断

　うつ病からの復職には時間がかかります。このタイミングを誤り、早く復職させてしまうと再発のリスクが高まります。順を追って職場復帰を考えるようにしましょう。まず、「朝決まった時間に起きられる」「三度の食事がきちんととれるようになった」など、日常生活が送れるようになったかどうかについて確認します。その後、外出でき

るか集中力が回復しているかを確認します。

　次に主治医との連絡が取れるようにします。これは休職者本人と主治医の許可が必要なので、協力が得られるようにお願いします。休職中の情報収集は、職場復帰には不可欠なものとなります。「規則だから」「仕事だから」と休職者にプレッシャーをかけるようなことはせず、休職者が安心できる環境を醸成していくことが大切です。

　うつ病を発症した場合、その完治には時間がかかります。一方で会社の規定する私傷病での休職期間は、うつ病を想定していないケースが多く、比較的短い期間が設定されています。そのため、休職期間満了後も復職できないこともあります。

　責任感の強い休職者ほど完治していなくても復職しようとします。しかし、無理して復職すると再発してしまいますので、主治医の意見を基に休職者、労務担当者、産業医でしっかりと話し合い、通常の勤務ができる状態であるかを確認することが必要です。

● 解雇の有無について

　休職期間が満了して復職できない場合は、社員を解雇することができます。ただし、あらかじめ就業規則に明確な記載がある場合に限ります。また、解雇の場合は解雇予告が必要になりますので、自然退職とした方が会社の負担は軽減されます。

　一方、休職中という仕事ができない状態で会社を辞めることは、休職者にとっては大きな不安があります。最低限、経済的不安を解消するため、傷病手当金（201ページ）の継続給付や休業補償給付（195ページ）の継続給付などの権利について説明するとよいでしょう。

　なお、うつ病の発症が労災と認定された場合は業務上の傷病となります。その場合は、療養期間中とその後30日間は解雇することができませんので注意が必要です。

第5章　休職をめぐる法律知識　165

相談 休職や復職のための要件

Case メンタルヘルス疾患（精神疾患）が原因で仕事を継続していくことが困難になり、しばらく会社を休みたいと考えています。休職するためには、どのような要件があるのでしょうか。また、復職する場合の要件を教えてください。

回答 精神疾患を発症すると、診察した医師から十分な休養をとるよう勧められ、場合によっては「休職」という措置をとることも必要になります。休職の定義について、法的には明確にされていません。どのような理由で休職を認めるのか、休職期間中の賃金（給与）や社会保険の支払いはどうするのか、いつまで休職を認めるのか、といった要件は、会社と労働者の話し合いによって決定できます。多くの会社は就業規則や労働協約で休職に関する規定を置いていますが、就業規則や労働協約で休職理由を詳細に定めていることは少ないといえます。労働者が休職を求める理由や状況は千差万別であり、個々の雇用契約によって定めるという柔軟性が必要な場合もあります。

同様に、休職から復帰する「復職」についても、それぞれの会社で復職の要件が決められますが、精神疾患を理由とする休職の場合は、労働者本人の意思や会社側の要望だけでなく、仕事ができるまでに病状が回復したという医学的な判断が必要です。労働者本人の「早く復職したい」という気持ちが強く、医学的な判断を無視して復職を早めてしまうと、復職後に精神疾患が再発するなどして、再び休職が必要な状況に陥る場合があるからです。

なお、復職までのステップについては、「心の健康問題により休業した労働者の職場復帰支援の手引き」（次ページ）を参考にするとよいでしょう。

職場復帰支援の方法を知っておこう

復職まで段階的な支援を行う

● 休職から復職までの流れをおさえる

　メンタルヘルス疾患が原因で休職（休業）した労働者がどのような流れで職場に復帰するかについては、厚生労働省が発表している「心の健康問題により休業した労働者の職場復帰支援の手引き」が参考になります。この手引きでは、休職から復職に至るまでの流れを5つのステップに分けて説明しています。

　第1ステップは、「病気休業開始及び休業中のケア」になります。この段階でまず必要なことは、労働者による診断書の提出です。病気により休職する場合には、主治医が作成した診断書を労働者から提出してもらいます。診断書には病気休業を必要とすることや、職場復帰の準備を計画的に行えるよう必要な療養期間の見込みなどが記載されています。また、人事労務スタッフは、労働者が療養に専念できるように、休職期間中の事務手続き（傷病手当金、相談窓口など）などを行います。

　第2ステップは、「主治医による職場復帰可能の判断」になります。労働者から職場復帰の意思が伝えられると、事業者は労働者に対して主治医による職場復帰可能の判断が記された診断書を提出するよう伝えます。診断書には主治医の具体的な意見を記載してもらいます。

　第3ステップは、「職場復帰の可否の判断及び職場復帰支援プランの作成」になります。スムーズな職場復帰のためには、必要な情報の収集と評価を行った上で職場復帰の可否を適切に判断し、職場復帰を支援するための具体的プランを準備しておくことが必要です。

　第4ステップは、「最終的な職場復帰の決定」になります。職場復

帰の可否についての判断と職場復帰支援プランの作成を経て、事業者が最終的な職場復帰の決定を行います。この際、産業医（企業の内部で労働者の健康管理を行う医者）が選任されている事業場では、産業医の意見を参考にしながら、労働者の職場復帰のための手続きを進めて行きます。

第５ステップは、「職場復帰後のフォローアップ」です。心の健康問題にはさまざまな要因が重なり合っていることが多いため、たとえ周到に職場復帰の準備を行ったとしても、実際にはさまざまな事情から当初の計画通りに職場復帰が進まないことがあります。そのため労働者の職場復帰支援においては、職場復帰後の経過観察と臨機応変にプランの見直しを行うことが必要です。

以上の流れに沿って職場復帰を支援するためには、使用者と労働者が連絡を密にとり、現状把握に努めることはもちろん、産業医や主治医など医療関係者とのネットワークを確立すること、職場の上司や同僚に理解を求めること、などが必要になります。ただし、個人情報の保護には十分に配慮するようにしましょう。

■ 復帰支援の流れと各段階で行われること ……………………

① 病気休業開始および休業中のケア
→ 労働者からの診断書の提出、管理監督者によるケアなど

② 主治医による職場復帰可能の判断
→ 産業医などによる精査、主治医への情報提供など

③ 職場復帰の可否の判断および職場復帰支援プランの作成
→ 情報の収集と評価、職場復帰の可否についての判断、職場復帰支援プランの作成

④ 最終的な職場復帰の決定
→ 休職していた労働者の状態の最終確認など

⑤ 職場復帰後のフォローアップ
→ 職場復帰支援プランの実施状況の確認、治療状況の確認など

職場復帰についてこれだけはおさえておこう

さまざまな方向からのサポートが必要である

● 法律上はどのような基準があるのか

　労働者がメンタルヘルス疾患により休職している場合、メンタルヘルス疾患が治癒した場合には、労働者を職場に復帰させる必要があります。具体的には、労働者が雇用契約上の労務提供義務を果たせる状態になったときに、労働者を職場に復帰させます。労働者と会社とは雇用契約を締結していますが、雇用契約における義務を果たせるのであれば、労働者に働いてもらっても問題はないため、この段階で労働者は職場復帰します。

　ただし、労働者を職場に復帰させたとしても、メンタルヘルス疾患が再発しないように、労働者に配慮する必要があります。

● 医師から診断書だけで安心してはいけない

　メンタルヘルス疾患が原因となって休職している社員を復帰させるかどうかは、原則として医者の診断書をみて決定します。専門家である医者の意見を尊重して、労働者の復帰時期を決定することは妥当な方法です。

　しかし、労働者を診断している医者は、会社の状況などを把握しているわけではありません。労働者がどのような仕事をしているか、労働者の負担になる仕事が行われるのかといったことは、会社の関係者のみが理解しています。そのため、労働者の職場復帰を決定する際には、医者の意見を鵜呑みにすべきではありません。専門家である医者の意見を取り入れつつも、会社としての意見を医者に伝えることで、労働者の復帰時期を決定することが大切です。

第5章　休職をめぐる法律知識

● リハビリ勤務はどのように行う

　メンタルヘルス疾患にかかった労働者を復職させるために、段階的に労働者にかかる仕事上での負担を増やしていくことをリハビリ勤務といいます。メンタルヘルス疾患にかかった労働者が復職する際に、最初から以前と同じような仕事をこなすよう要求することは、ある程度の期間仕事から離れていた労働者にとっては大きな負担となってしまいます。そのため、復職した直後は負担の軽い仕事を行ってもらい、徐々に仕事の量を増やして、段階的に元の状態に戻していくことが必要になります。

　具体的には、勤務時間を短縮した状態で復職してもらったり、仕事量を減らすことになります。勤務時間が長くなると、労働者にとっては負担となります。そのため、復職した最初の1週間は半日勤務とするなど、勤務時間の面で労働者に負担がかからないように配慮します。

　また、勤務時間を減らしたとしても、仕事量が多ければ労働者にとっては負担になります。そのため、復職当初の仕事量は、通常の半分程度にするなどの配慮をすることが必要です。

　仕事の量だけではなく、仕事の内容面でも労働者に配慮することが必要です。たとえば、裁量権の広い仕事は労働者が自由に決定できる事項が多いのですが、その分労働者の責任が重くなります。重い責任がかかることは労働者にとっては負担になりますので、復職当初の労働者には裁量権の狭い仕事を与えるといった配慮が必要になります。

　なお、これらのことは、労働者の意向や医者の意見も取り入れながら決定します。労働者に意欲があるようでしたら積極的に仕事を与えていくべきですし、ドクターストップがかかるようでしたら負担の大きい仕事を回してはいけません。

● 復職する際の方針を決めておく

　メンタルヘルス疾患から復帰する労働者に対しては、復職後の会社

としての対応方針を示しておくことが必要です。職場から離れていた期間が短い場合には、労働者もすぐに職場に復帰できる可能性が高いので、会社としての方針を特別に決めておく必要性は低いといえます。しかし、長期間職場から離れていた労働者の場合、職場復帰のために段階的なステップを踏むことになるので、会社としての方針を決めておく必要があります。

まず決めておくべきことは、労働者が当初の復職計画通りに出勤できていないときに、会社としてどう対応するかについてです。

メンタルヘルス疾患にかかった労働者は、会社に出勤することも難しい状態から復職してくるので、当初の復職計画通りに出勤できない可能性があります。そのような事態に備えるために、復職後に欠勤した場合にどうするか、労働者と会社との間で取り決めをしておくことが必要です。具体的には、どのような場合には有給休暇の扱いとするか、医師の診断書の提出を必要とするのはどのような場合か、といっ

■ 労働者が職場復帰する場合に会社が注意すべきこと

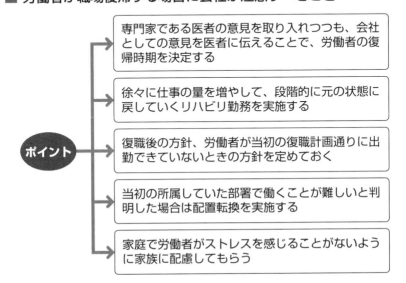

第5章 休職をめぐる法律知識　171

たことを詳しく決めておきます。

　また、復職後の労働者に与える仕事の内容についても、あらかじめ会社で方針を定めておきます。たとえば、復職後の労働者に対する仕事の進捗状況の管理は誰が行うかといったことや、仕事が過度な負担となっていないかについての労働者と話し合う機会をどのくらいのペースで設けるかといったことを決めておきます。

● 家族や人事労務担当などのサポートも大切

　メンタルヘルス疾患にかかった労働者が職場に復帰する際には、人事労務担当者や労働者の家族のサポートも必要です。

　人事労務担当者は、会社全体として復職した労働者をどのようにサポートするかを決定します。たとえば、復職した労働者が、当初の所属していた部署で働くことは難しいと判明した場合には、その労働者を他の部署に配置転換します。そして、労働者が仕事に慣れて当初の部署に戻っても問題ないようであれば、労働者を元の部署に戻します。会社内に保健スタッフがいる場合には、保健スタッフと労働者がよく話し合いをすることが必要です。

　また、労働者の家族には、職場外で労働者をサポートしてもらいます。メンタルヘルス疾患は、職場内での出来事だけでなく、家庭内でのことも原因となって発症している可能性があります。そのため、家庭で労働者がストレスを感じることがないように家族に配慮してもらうことが必要です。特に、女性の労働者であれば、家庭で家事をこなさなければならないかもしれませんが、家事が大きな負担となっている可能性があります。そのため、家族には家事の負担が大きくならないように配慮してもらう必要があります。さらに、普段の生活が乱れていると、労働者の健康に悪影響がでてしまいます。そのため、労働者の家族には、労働者が規則正しい生活を送るようなサポートもしてもらいます。

6 復職後の業務遂行の仕方について知っておこう

徐々に復職できるような体制を作る

● どんなことに気をつけたらよいか

　メンタルヘルス疾患を発症して休職（休業）をしていた労働者が復職する場合、そのまま元の職場に戻せばよいのかというと、そうではありません。もちろん、元の職場に戻れるケースもありますが、職場の人間関係や労働環境がきっかけでメンタルヘルス疾患を発症した場合、状況が変わっていなければ、せっかく完治していても再度発症してしまうことがあるからです。

　また、その点を考慮して別の部署に配属したとしても、すぐにフルタイムでバリバリ働けるとは限りません。メンタルヘルス疾患の治療には時間がかかることが多く、休職期間が終わってからも治療が必要な場合があるからです。

　本人も、迎える職場側も、できるだけ早く元のように働き、業績を上げていきたいというのが本音だと思われますが、無理をして復職するとかえって問題が大きくなることもあります。このため、復職後の業務遂行に際しては、次のような点に留意しながら進めていくことが求められます。

① **安定して勤務ができるか**

　決められた時間に出勤できることが、まず第一歩です。フレックスタイム制を利用したり、短時間労働にする、配属先を負担の軽い部署に変えるなどの対応をして、徐々に慣れてもらうようにするとよいでしょう。

　実際の業務を始める前に、試しに時間通りに出勤し、特に業務は行わず、本を読んだりレポートを書いたりして勤務時間を過ごしてみる

第5章　休職をめぐる法律知識　**173**

という試し出勤制度を設けるのも一つの方法です。

② 予定を立て、それに沿って業務が進められるか

　自分で業務の負担をコントロールできるかどうかは、仕事を任せる上でも、メンタルヘルスの面でも、非常に大きなポイントとなります。

　復職したばかりの人はなかなかペースがつかめず、必要な仕事量をこなせなかったり、「早く信頼を取り戻さなければ」「本当に復帰できるのか」といった焦りと不安から、やたらとたくさんの仕事を引き受けようとすることがあります。

　まずは業務を行う前にスケジュールを立ててもらい、上司がそのとおりに無理なく進めることができているかを確認しながら進めていく体制をとるとよいでしょう。

③ 問題が発生した際に相談ができるか

　進捗が滞っていたり、ミスをしてしまった場合、できるだけ迅速に相談・報告して対応策を考えることが必要ですが、復職したばかりの人は正しい判断ができなくなっていることがあります。また、体調不良を感じていても、なかなか自分から言い出せない場合もあります。

　そのため、上司（管理監督者）がヒアリングの場を設けたり、定期的に産業医等の専門スタッフのカウンセリングを受けるように促すことが必要です。

■ 復職後の業務遂行の評価ポイントと注意点 ....

ポイント		注　意　点
○安定した勤務ができるか	→	試し出勤制度などで様子を見る
○予定通りに業務を進められるか	→	上司が確認しながら進めていく体制をとる
○トラブル発生時に相談できるか	→	定期的なヒアリング、カウンセリングの機会の設置

相 談 メンタルヘルス疾患の再発

Case メンタルヘルス疾患を理由に休職していた社員が復職計画通りに復職しましたが、その後メンタルヘルス疾患が再発した場合、会社はどのように対応すべきでしょうか。

回 答 メンタルヘルス疾患は、完治したと見られていても、その後に再発する危険性があります。特に、復職直後は仕事をすることに慣れていないため、メンタルヘルス疾患が再発する危険性が高いようです。そのため、メンタルヘルス疾患が再発しないよう慎重な対応が必要とされ、仮にメンタルヘルス疾患が再発してしまった場合には疾患を悪化させないような措置を講じる必要があります。一概にメンタルヘルス疾患のよる休職からの復帰といっても、その形態は一律ではありません。休職前に就いていた業務に直接復帰できる程度に回復することもありますが、場合によっては、軽度な業務から慣らしていき、段階的な復帰を行うことで再発防止に役立つこともあります。

メンタルヘルス疾患が再発した場合の対応策としては、業務の負担を軽減したり、再び労働者を休職させるなどの措置を講じることになります。どのような措置を講じるべきかについては、主治医の意見を参考にしながら決定します。

本人ができると判断したとしても、医者などの周囲の人間から見て本人の負担が大きいと考えられる場合には、本人にブレーキをかけることが必要です。また、当初の復職計画通りに職場に復帰するケースでも、メンタルヘルス疾患はさまざまな要素が組み合わさって発症の原因となるものです。計画通りに治療が進んでいたとしても、途中で疾患が再発することは十分に考えられます。そのため、当初の復職計画に捉われずに、適切な措置を講じることが必要になります。

メンタルヘルス疾患にかかった労働者が復職と休職を繰り返してい

第5章　休職をめぐる法律知識　**175**

る場合には、復職計画は慎重に策定する必要があります。何度も復職しようと努力しているにもかかわらず、そのたびにメンタルヘルス疾患を再発してしまうと、労働者は不安感や焦りを感じてしまいます。労働者が、「またメンタルヘルス疾患が再発したらどうしよう」と感じてしまうと、それがさらにメンタルヘルス疾患を悪化させる原因になります。

　労働者が復職と休職を繰り返している場合には、不安感の増大がさらなる症状の悪化を招かないようにするため、復職計画の構築の際に会社側に配慮してもらうように相談してみましょう。

●あらかじめ就業規則に定めておくとよい

　可能であれば、あらかじめメンタルヘルス疾患を原因とする休職や休業について、就業規則に規定を設けておきましょう。どのような場合が休職事由や休業事由に該当するのかを就業規則に明記しておけば、労働者は、就業規則を参考にしてメンタルヘルス疾患に対応することができます。

　また、メンタルヘルス疾患のおそれがある場合には医者の診断を受けなければならない、といったことも就業規則に記載しておきます。これにより、会社として労働者に対して医者の診断を受けるよう命じることができます。

■ **考えられる対応策と問題点**

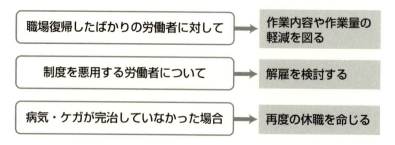

第6章

ハラスメント被害と
社会保険・労働保険

メンタルヘルスと業務災害の関係について知っておこう

業務災害にあった労働者に必要な給付が行われる

● 業務災害とは

　業務災害とは、労働者が業務中に病気になったり、ケガをしたり、障害を負う、あるいは死亡することです（労災保険法7条）。

　たとえば、作業中に転倒したり、機械を扱っている最中に誤ってケガをしたような場合が業務災害の典型例ですが、メンタルヘルス疾患が業務災害として認められる可能性もあります（138ページ）。

● 労災保険との関係は

　労働者災害補償保険法は、仕事中の事故が業務災害に該当する場合に、労働者に対して保険金を給付することを定めています。具体的には、労働者が業務災害に遭った場合には、①療養補償給付、②休業補償給付、③障害補償給付、④遺族補償給付などの内容の給付金を給付することになっています（労災保険法12条の8）。

　労働者災害補償保険法における業務災害に該当するかどうかは、業務に起因して生じた事故であるかという点や、業務を遂行する上で生じた事故であるかどうかという点を考慮して判断することになります。

　たとえば、職場での休憩時間中に起きた事故は、作業をしているときに起こった事故ではありませんが、事業主の支配下にある状態で起きた事故であるとして、業務災害に該当するとされています。

　ただし、まったくの私的な活動の中で起こった事故は業務災害には該当しないとされています。たとえば、会社の仲間とスポーツをしていて起こった事故などは、業務とは関係のないところで起こった事故ですので、業務災害とは認められません。

保険の給付を受ける上で業務災害に該当するかというのは重要な要素となっていますが、業務災害に該当するのかどうか判断が難しい場合もあります。そのため、実際には、ケース・バイ・ケースで労働災害に該当するかどうかを判断していくことになります。

● どんな責任が発生するのか

　労働者が業務災害を被ったために、労働者が負傷したり、病気にかかった場合には、事業者は療養のために必要な費用を療養補償として労働者に対して支払わなければならないとされています（労働基準法75条）。

　労働者が療養のために勤務ができなかった場合、事業者は労働者に対して休業補償を支払わなければなりません。この休業補償の額は、平均賃金の額の60％になります（労働基準法76条）。労働者に身体の障害が残った場合、事業者は障害補償も支払う必要があります（労働基準法77条）。

　さらに、労働者が死亡した場合、事業者は労働者の遺族に対して遺族補償を支払うことになります（労働基準法79条）。遺族補償の額は賃金の1000日分になります。

　ただし、ここで挙げた療養補償、休業補償、障害補償、遺族補償は、労働者災害補償保険法に基づいて補償がなされる場合には、事業者は労働者に対してこれらの補償をする必要はありません（労働基準法84条）。

　補償以外に事業主に課される義務としては、解雇の制限があります。労働者が業務災害に遭った場合、労働者が療養したり休業している期間はもちろん、その期間が終わってからも30日間は労働者を解雇することは禁止されています（労働基準法19条）。

　また、会社に損害賠償義務が課されることもあります。前述した4つの補償については、労働者が業務災害を被った場合には本来会社が

第6章　ハラスメント被害と社会保険・労働保険　**179**

支払わなければならないものです。さらに、業務災害が生じたことについて会社に過失がある場合、会社は補償に加えて損害賠償も労働者に対して支払う必要が出てきます（民法415条、709条）。

● メンタルヘルス疾患の業務災害の認定基準について

メンタルヘルス疾患はどのような場合に業務災害に該当するかについて、厚生労働省が発表している、「心理的負荷による精神障害の認定基準」という指針が参考になります（138ページ）。

「心理的負荷による精神障害の認定基準」の中では、労働者の心理に負担がかかる場面を類型化して示しています。また、場面を類型化するだけでなく、その中でも労働者にかかる心理的負荷の程度に応じて「弱」「中」「強」に分けて具体例を呈示しています（139ページ図）。業務による強い心理的負荷が認められるような場合には、業務中の疾病として、労災に該当する可能性も生じます。

たとえば、仕事上のノルマを達成できないことは、労働者にとって心理的に負担となる出来事です。この中でも、ノルマが会社から強く求められていたものでなかった場合には、労働者にかかる心理的な負荷の度合いは「弱」、ノルマが達成できなかったために昇進を遅らされるなどペナルティを課された場合には、労働者にかかる負荷は「中」、経営に影響するようなノルマを達成できず、そのために左遷された場合には労働者にかかる負荷は「強」であるとされています。

そして、労働者にかかる心理的負荷の程度が「強」であると判断されれば、原則としてメンタルヘルス疾患が業務災害であると認定されます。また、心理的負荷の程度が「中」や「弱」であっても、状況によっては業務災害と認定されます。

なお、労働者にかかる負荷がどの程度かについては、さまざまな要素を総合的に考慮して判断することになります。たとえば、一つひとつの事実を見れば労働者には「中」程度の心理的負荷しかかかってい

ないと判断できるような場合でも、それが積み重なって労働者の心理的負担が増大しているような場合には、「強」程度の心理的負荷がかかっているものと判断されることになります。

　事業者としてはこの指針を参考にして、メンタルヘルス疾患が業務災害に該当するかどうかを判断していくのがよいでしょう。特にメンタルヘルス疾患に基づく業務災害では、労働者のストレスが専ら業務によるストレスといえるのか、私生活上の各種ストレスが関連しているのかを判別することが困難であるという特色があります。

■ 労働者にかかる心理的な負荷の度合いが「強」とされる主なケース …

主な出来事	「強」と判断される主な場合
ノルマ未達成	経営に影響するようなノルマを達成できず、そのために左遷されたような場合
退職強要	退職の意思のないことを表明した場合において、執拗に退職を求められるような場合
配置転換	過去に経験した業務とまったく異なる業務に従事することになり、配置転換後の業務に対応するために多大な労力を要したような場合
嫌がらせ、いじめ	上司の言動が業務指導の範囲を逸脱していて、人格や人間性を否定するような言動が含まれ、そのような言動が執拗に行われたような場合
上司とのトラブル	業務方針などについて、上司との間に周囲からもはっきり認識されるような大きな対立が生じ、その後の業務に大きな支障が生じた場合
セクシュアルハラスメント	・胸や腰などへの身体接触を含むセクシュアルハラスメントが継続して行われたような場合 ・身体接触のないケースであっても性的な発言が継続してなされ、かつ会社がセクシュアルハラスメントの事実を把握していても適切な対応をせず、事態の改善がなされなかった場合

※厚生労働省「心理的負荷による精神障害の認定基準」の業務による心理的負荷評価表を基に作成

第6章　ハラスメント被害と社会保険・労働保険　181

労災保険の請求手続きについて知っておこう

支給または不支給の決定をするのは労働基準監督署長

● 申請手続きのしくみ

　労働災害が発生したときには、本人またはその遺族が労災保険給付を請求することになります。保険給付の中には傷病（補償）年金（189ページ）のように職権で支給の決定を行うものもありますが、原則として被災者や遺族の請求が必要です。労災の保険給付の請求は、2年以内（障害給付と遺族給付の場合は5年以内）に被災労働者の所属事業場の所在地を管轄する労働基準監督署長に対してしなければなりません。

　労働基準監督署は、必要な調査を実施して労災認定した上で給付を行います。なお、「療養（補償）給付」については、かかった医療機関が労災保険指定病院等の場合には、「療養（補償）給付たる療養の給付請求書」（190ページ）を医療機関を経由して労働基準監督署長に提出します。その際、療養費を支払う必要はありません。しかし、医療機関が労災保険指定病院等でない場合には、いったん、医療費を立て替えて支払わなければなりません。その後「療養（補償）給付たる療養の費用請求書」を直接、労働基準監督署長に提出し、現金給付してもらうことになります。

　被災者などからの請求を受けて支給または不支給の決定をするのは労働基準監督署長です。この決定に不服がある場合には、都道府県労働基準局内の労働者災害補償保険審査官に審査請求をすることができます。審査官の審査結果にさらに不服があるときは厚生労働省内の労働保険審査会に再審査請求ができます。労働保険審査会の裁決にも不服がある場合は、その決定の取消を求めて、裁判所に行政訴訟を起こ

すことになります。

● 労災の給付は誰が申請するのか

　労災保険法に基づく保険給付等の申請ができるのは、本人かその遺族です。

　ただし、労働者がみずから保険給付の申請その他の手続を行うことが困難な場合には事業主が手続きを代行することができるため、実際には会社が手続きを代行して労災申請するケースが多いようです。

　「会社が不当に労災の証明に協力しない」というような場合には、本人がそのことの事情を記載して労働基準監督署に書類を提出することになるため、労働者の請求には誠実に対応する必要があります。

■ 労災認定の申請手続き

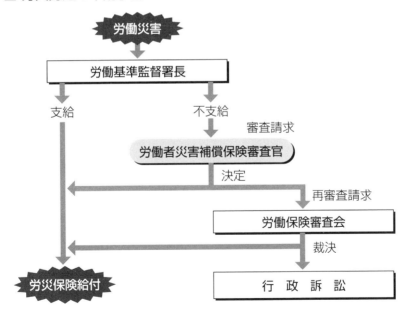

また、労災給付を受けるためには所定の手続きをすることが必要です。これらの手続きの詳細については188ページ以降で説明します。

● 労災申請されたときの会社の対応

労災の療養補償給付では、負傷または発病の年月日、負傷または発病の時刻、災害の原因と発生状況について会社の証明が必要とされています。

労働災害であることについて疑いようがないようなケースであれば、会社としても労災の証明に応じることになるでしょう。

しかし、労災であることがはっきりとはわからないような場合には、対応を検討しなければなりません。特に、メンタルヘルスの場合には原因がわかりくいこともあります。労働者側が「過度の業務や上司の圧力が原因でメンタルヘルス疾患になった」と主張してきたとしても、会社としては「本当に業務だけが原因なのだろうか」「プライベートな事柄にも何か問題があったのではないだろうか」などと考えることもあります。

ただし、はっきり労働災害とは思われないからといって、直ちに労災の証明を拒絶するのは、労働者との労働トラブルを引き起こす可能性があるため、避けた方がよいでしょう。反対に、労働災害でない可能性が高い場合にまで安易に労災の証明をしてしまうと、虚偽の証明をしたことを理由に徴収金の納付を命じられることもあります（労災保険法12条の3）。

被災した労働者側の考えと異なる部分についてはその旨を記載することができますので、会社側としては顧問弁護士や社会保険労務士に相談した上で、記載方法や対応などを検討するのがよいでしょう。

労災にあたるかどうかについては、提出された書類を基に労働基準監督署が判断することになりますので、最終的には労働基準監督署の判断に従うことになります。

健康保険について知っておこう

労働者が業務外でケガ・病気・死亡・出産した場合に給付を行う

● メンタルヘルスと健康保険

　健康保険は医療保険で、業務外の負傷や疾病に対して必要な給付を行います。健康保険の納付内容は、187ページの図のとおりです。業務上の災害や通勤災害については、労災保険が適用されますので、健康保険が適用されるのは、業務外の事故（災害）で負傷した場合に限られます。

　メンタルヘルス疾患により心療内科などへ受診する場合、業務外の事故なのか、業務中の事故なのか判別することが難しいといえます。メンタルヘルス疾患について、前述のとおり業務災害として労災保険を申請することは可能ですが、業務災害であると証明するのに時間がかかり、休業中の生活が金銭的に苦しくなる場合もあります。そのため、実務上は、いったん健康保険の療養給付や傷病手当金の支給申請を行っておき、業務災害と認定された場合に、保険を切り替えるということを行います。また、明らかに業務外といえるようなメンタルヘルス疾患の場合には、初めから健康保険を適用することになります。

● 社会保険の適用事業所

　健康保険と厚生年金保険は必ず同時に加入しますので、健康保険の適用事業所と厚生年金保険の適用事業所は原則として同じです。社会保険は事業所単位で適用されます。本店（本社）の他、支店、出張所、工場などが事業所にあたり、それぞれ適用事業所となります。ただ、出張所や工場などで社会保険の事務を処理することができないような場合は、本社で一括して事務処理を行うこともできます。

社会保険の適用事業所は、①強制適用事業所と、②任意適用事業所の２つに分類することができます。

　強制的に社会保険が適用される事業所を強制適用事業所といいます。

　会社などの法人の場合は、事業の種類に関係なく代表取締役１人の場合でも、社会保険に加入しなければなりません。一方、個人事業主の事業所の場合は、法人と異なり強制的にすべての事業者が社会保険に加入しなければならないわけではありません。個人の事業所の場合、一定の業種（工業や士業などの17業種）の事業所で、５人以上の労働者（個人の場合、事業主本人は加入できないため、５人の中には含みません）がいるときに社会保険の適用事業所となります。

● 健康保険の被保険者・被保険者になる人とならない人

　適用事業所で働く者は、原則として常時使用される者であって、75歳未満の者は、たとえ、会社の代表取締役や常勤の役員であっても被保険者になります。代表者や役員も法人に使用されるものと考えるためです。

　非常勤役員は、対象外です。パートタイマーやアルバイトなどの労働者は、必ずしも被保険者となるわけではありません。アルバイトやパートタイマーについては、１週間の所定労働時間および１か月の所定労働日数が同じ事業所で同様の業務に従事している一般社員の４分の３以上である者は社会保険の加入対象となり、被保険者となります。ただし、従業員数が101人以上（2024年10月より51人以上）の企業では、昼間学生以外で、週の所定労働時間20時間以上であり、月収が88,000円以上の２か月以上の雇用見込みのある者は、加入対象となります。

　健康保険において被扶養者になる人は、被保険者に生計を維持されている者です。生計を維持されているかどうかの判断の大まかな基準は、被扶養者の年収が130万円未満（60歳以上の者と障害者については180万円未満）で、被保険者の年収の半分未満であるかどうかです。

被保険者の①直系尊属（父母や祖父母）、②配偶者、③子、④孫、⑤兄弟姉妹については、被保険者との間に「生計維持関係」があれば被扶養者として認められます。一方、被保険者の３親等以内の親族で①から⑤に挙げた者以外の者等については、被保険者との間に「生計維持関係」と「同一世帯」があれば被扶養者として認められます。

■ 健康保険の給付内容 ……………………………………………………

種　　類	内　　容
療養の給付	病院や診療所などで受診する、診察・手術・入院などの現物給付
療養費	療養の給付が困難な場合などに支給される現金給付
家族療養費	家族などの被扶養者が病気やケガをした場合に被保険者に支給される診察や治療代などの給付
入院時食事療養費	入院時に提供される食事に要した費用の給付
入院時生活療養費	入院する65歳以上の者の生活療養に要した費用の給付
保険外併用療養費	先進医療や特別の療養を受けた場合に支給される給付
訪問看護療養費	在宅で継続して療養を受ける状態にある者に対する給付
高額療養費	自己負担額が一定の基準額を超えた場合の給付
移送費	病気やケガで移動が困難な患者を移動させた場合の費用給付
傷病手当金	業務外の病気やケガで働くことができなくなった場合の生活費
埋葬料	被保険者が業務外の事由で死亡した場合に支払われる給付
出産育児一時金	被保険者が出産をしたときに支給される一時金
出産手当金	産休の際、会社から給料が出ないときに支給される給付
高額介護合算療養費	医療費と介護費用の自己負担額の合計が、一定の基準額を超えた場合の給付

第6章　ハラスメント被害と社会保険・労働保険　187

パワハラやセクハラが原因で治療を受けたときの届出

無料で治療を受けることができる

● 無料で治療が受けられる

　業務中の事故が原因で労働者がケガをし、または病気にかかり、指定病院（労災保険が使える病院）で診てもらった場合、療養の給付として、無料で治療が受けられます。セクハラやパワハラによるメンタルヘルス疾患も、労災と認められた場合には対象となります。

　療養の給付の内容としては、治療費の他、入院料や介護の費用など通常療養で必要な費用も含まれます。また、原則としてケガや病気が治るまで給付を受けることができます。

【請求手続】

　治療を受けている医療機関（病院など）に、業務災害であれば「療養補償給付たる療養の給付請求書（190ページ）」を提出します。

　また、業務と病気との因果関係を証明する添付書類を求められることがあります。

　なお、労災の指定薬局で薬をもらった場合は、「療養（補償）給付たる療養の給付請求書」を別に労災の指定薬局に提出する必要があります。

　申請書の書き方について不明点などがある場合には、社会保険労務士などに相談するのがよいでしょう。

● 障害が残ったときの給付

　セクハラやパワハラなどによるメンタルヘルス疾患で治療を受けた場合に、病気が治った（治癒）としても、一定の障害が残ってしまうことがあります。そのような場合に、その障害の程度に応じて支給される労災保険の給付が障害（補償）給付です。

ここでいう「治ったとき」とは、完治や全快ということではなく、傷病の症状が安定して、これ以上治療を行っても症状が良くも悪くもならない状態になったことを意味します。

　障害（補償）給付の請求は、障害（補償）給付支給請求書などを会社の所在地を管轄する労働基準監督署に提出することになります。

　障害（補償）給付は、障害の程度によって1 ～ 14等級の障害等級にわかれます。第1級から第7級に該当した場合には障害（補償）年金が支給されます。第8級から第14級に該当した場合には障害（補償）一時金が支給されます。第1級～第7級の場合は給付基礎日額の313日～ 131日分の障害（補償）年金、第8級～第14級の場合は給付基礎日額の503日～ 56日分の障害（補償）一時金が支給されます。

　また、障害（補償）年金が支給される者には障害特別支給金と障害特別年金が支給され、障害（補償）一時金が支給される者には障害特別支給金と障害特別一時金がそれぞれ支給されます。

● 傷病（補償）年金とは

　労災認定されたメンタルヘルス疾患の療養開始後1年6か月が経過し、なおその傷病が治癒せず、障害の程度が傷病等級の第1級から第3級に該当する場合には、傷病（補償）年金が支給され、それまで支給されていた休業（補償）給付は打ち切られます。

　障害の程度によって、給付基礎日額（原則として、災害発生日直前の3か月間に被災した労働者に支払われた賃金総額を、その期間の歴日数で割って算出したもの）の給付基礎日額の245日分～ 313日分が支給されます。

　前述した障害（補償）年金や傷病（補償）年金の場合、一定の障害が残ることが支給要件とされているため、メンタルヘルス疾患では受給できるとは限りませんが、労災にこのような制度があるということは知っておく必要があるでしょう。

第6章　ハラスメント被害と社会保険・労働保険

書式 療養補償給付及び複数事業労働者療養給付たる療養の給付請求書

様式第5号(表面) 労働者災害補償保険
業務災害用
複数業務要因災害用
療養補償給付及び複数事業労働者
療養給付たる療養の給付請求書

裏面に記載してある注意
事項をよく読んだ上で、
記入してください。

標準字体 0123456789 ー
アイウエオカキクケコサシスセソタチツテトナニヌ
ネノハヒフヘホマミムメモヤユヨラリルレロワン

※帳票種別 **34590**

①管轄局署 ②業通別 業通 1 3 ③保留 金レセ 1 3 全給付 ④処理区分

④受付年月日 ※

⑤労 保険番号
府県 所掌 管轄 基幹番号 枝番号
13 1 09 653212 1000

⑦支給・不支給決定年月日 ※

年金証書番号記入欄

⑧性別 1明治 1男 3大正 3女 5昭和 7平成 9令和 ⑨労働者の生年月日 **1 561061 0** ⑩負傷又は発病年月日 **9 060719**

⑪再発年月日 ※

⑬三者 ※ ⑭特疾 ⑮特別加入者 ※

⑫労働者の シメイ(カタカナ)姓と名の間は1文字あけて記入してください。濁点・半濁点は1文字として記入してください。
アオキ ヒカル

氏名 **青木 光** (38歳)

郵便番号 **151-0000** フリガナ シブヤクシブヤ
住所 **渋谷区渋谷32-10**

職種 **事務職**

⑰負傷又は発病の時刻 午後 **9**時**50**分頃

⑱災害発生の事実を確認した者の職名、氏名
職名 **総務課長**
氏名 **西村一郎**

⑲災害の原因及び発生状況 (あ)どのような場所で(い)どのような作業をしているときに(う)どのような物又は環境に(え)どのような不安全な又は有害な状態があって(お)どのような災害が発生したか(か)⑩と初診日が異なる場合はその理由を詳細に記入すること

配置転換後の業務や環境に適応できず、仕事に対応できないことでミスが続き、眠れない、動悸がする、疲れやすいなどの症状が1か月ほど続いたため、受診したところ、うつ病と診断された。

⑳指定病院等の
名称 **東新宿病院**
所在地 **新宿区東新宿3-5-2**
電話(03)3456-7890
〒160-9999

㉑傷病の部位及び状態 **うつ病**

⑫の者については、⑩、⑰及び⑲に記載したとおりであることを証明します。 **6**年**7**月**23**日

事業の名称 **株式会社 立花商店** 電話(03)3321-1123
事業場の所在地 **品川区五反田1-2-3** 〒141-0000
事業主の氏名 **代表取締役 立花太郎**
(法人その他の団体であるときはその名称及び代表者の氏名)

労働者の所属事業
場の名称・所在地 電話( )

(注意) 1 労働者の所属事業場の名称・所在地については、労働者が直接所属する事業場が一括適用の取扱いを受けている場合に、労働者が直接所属する支店、工事現場等を記載してください。
2 派遣労働者について、派遣先事業主が証明する事項の記載内容が事実と相違ない旨異議がない場合には、派遣先事業主は、派遣元事業主が証明する事項の記載内容が事実と相違ない旨異議がない場合には、派遣元事業主の証明は必要ありません。

上記により療養補償給付又は複数事業労働者療養給付たる療養の給付を請求します。 **6**年**7**月**31**日

品川 労働基準監督署長 殿

東新宿 病院 診療所 薬局 経由 訪問看護事業者

〒**151-0000** 電話(03)3111-4222
請求人の 住所 **渋谷区渋谷32-10** (方)
氏名 **青木 光**

支不支給決定決議書	署長	副署長	課長	係長	係	決定年月日		
							不支給の理由	
調査年月日								
復命書番号 第 号 第 号 第 号								

書式　療養補償給付及び複数事業労働者療養給付たる療養の費用請求書

様式第7号（1）（表面）　労働者災害補償保険

業務災害用
複数業務要因災害用

療養補償給付及び複数事業労働者療養給付たる療養の費用請求書(同一傷病分)

第　　回

標準字体 0 1 2 3 4 5 6 7 8 9 ゛ ゜ ー
ア イ ウ エ オ カ キ ク ケ コ サ シ ス セ ソ タ チ ツ テ ト ナ ニ ヌ
ネ ノ ハ ヒ フ ヘ ホ マ ミ ム メ モ ヤ ユ ヨ ラ リ ル レ ロ ワ ン

※帳票種別　3 4 2 6 0
①管轄局署
②業通別　1 業　1 通

③労働保険番号
府県 13 所掌 1 管轄 09 基幹番号 654321 枝番号 000

④労働保険番号（管轄局／種別／西暦年／番号）

⑤労働者の性別　1
⑥労働者の生年月日　5 61 0601 906 0601
⑦負傷又は発病年月日

氏名　青木　光　（38歳）　職種　事務職

シメイ（カタカナ）　ア オ キ　ヒ カ ル

⑧郵便番号　151-0000　渋谷区渋谷32−10

新規・変更　○○　○○

⑯預金の種類　1（1普通 3当座）

口座番号　1 2 3 4 5 6 7

メイギニン（カタカナ）　ア オ キ　ヒ カ ル

青木　光

⑨の者については、（ヌ）並びに裏面の（リ）及び（ヲ）に記載したとおりであることを証明します。

事業の名称　株式会社 立花商店　電話（ 03 ）3321-1123
事業場の所在地　品川区五反田1−2−3　〒141-0000
事業主の氏名　代表取締役　立花 太郎

6年8月2日

療養の内容

（イ）期間　6年7月1日 から 6年7月31日まで 31日間　診療実日数　2日

（ロ）傷病の部位及び傷病名　うつ病

⑨の者については、（イ）から（ニ）までに記載したとおりであることを証明します。

6年7月31日　〒160-9999

傷病の経過の概要　動悸がする、疲れやすい、眠れない等が続いている

病院又は診療所の所在地　新宿区東新宿3−5−2
名称　東新宿病院　電話（ 03 ）3456-7890

6年7月31日　治ゆ（症状固定）・継続中・転医・中止・死亡

診療担当者氏名　医師　本村 一郎

（ニ）療養の内訳及び金額（内訳裏面のとおり。）　60000円

（ホ）看護料　年 月 日から 年 月 日まで 日間（看護料の資格の有・無）
（ヘ）移送費　から まで 片道・往復 キロメートル 回
（ト）上記以外の療養費（内訳別紙請求書又は領収書 枚のとおり。）

（チ）療養の給付を受けなかった理由　近くに療養に適した労災指定病院がなかったため

㉑療養に要した費用の額（合計）　60000

上記により療養補償給付又は複数事業労働者療養給付たる療養の費用の支給を請求します。

6年8月2日

〒151-0000　電話（ 03 ）3111-4222
請求人の 住所 渋谷区渋谷32−10
氏名　青木　光

品川 労働基準監督署長 殿

第6章　ハラスメント被害と社会保険・労働保険　191

様式第7号(1)(裏面)

(リ) 労働者の所属事業場の名称・所在地	株式会社 立花商店 品川区五反田1-2-3	(ヌ) 負傷又は発病の時刻 午前・午後 9 時 50分頃	(ル) 災害発生の事実を確認した者の	職名 総務課長 氏名 西村 一郎

(ヲ)災害の原因及び発生状況　(あ)どのような場所で(い)どのような作業をしているときに(う)どのような物又は環境に(え)どのような不安全な又は有害な状態があって(お)どのような災害が発生したか(か)⑦と初診日が異なる場合はその理由を詳細に記入すること

配置転換後の業務や環境に適応できず、仕事に対応できないことでミスが続き、眠れない、動悸がする、疲れやすいなどの症状が1か月ほど続いたため、受診したところ、うつ病と診断された。

療養の内訳及び金額

診療内容		点数(点)
初診	時間外・休日・深夜	
再診	外来診療料 × 回	
	継続管理加算 × 回	
	外来管理加算 × 回	
	時間外 × 回	
	休日 × 回	
	深夜 × 回	
指導		
在宅	往診 回	
	夜間 回	
	緊急・深夜 回	
	在宅患者訪問診療 回	
	その他	
	薬剤	
投薬	内服 薬剤 単位	
	調剤 × 回	
	屯服 薬剤 単位	
	外用 薬剤 単位	
	調剤 × 回	
	処方 × 回	
	麻毒 回	
	調基	
注射	皮下筋肉内 回	
	静脈内 回	
	その他 回	
処置		
	薬剤	
手術 麻酔	薬剤	
検査		
	薬剤	
画像 診断	薬剤	
その他	処方せん 回	
入院	入院年月日 年 月 日	
	病・診・衣 入院基本料・加算	
	× 日間	
	× 日間	
	× 日間	
	× 日間	
	特定入院料・その他	
小計 点 ①		円

診療内容	金額	摘要
初診	円	
再診 回	円	
指導 回	円	
その他	円	
食事(基準)		
円× 日間		
円× 日間		
小計 ②	円	

摘要

（注意）

（二）(一) この請求書又は申請書の記載方法については、次によること。

二 （一）から（四）まで省略

（二）療養の費用を請求する場合には、当該療養に……

（三）省略

（四）省略

三 ……

四 ……

㋑その他就業先の有無		
有 ⦿無	有の場合のその数 (ただし表面の事業場を含まない)	社
	有の場合でいずれかの事業で特別加入している場合の特別加入状況(ただし表面の事業を含まない)	労働保険事務組合又は特別加入団体の名称
		加入年月日 年 月 日
		労働保険番号(特別加入)

| 小計 点 ① | 円 | 合計金額 ①+② 円 |

派遣先事業主証明欄	派遣元事業主が証明する事項(表面の⑦並びに(ヌ)及び(ヲ))の記載内容について事実と相違ないことを証明します。		
年 月 日	事業の名称	電話( ) —	
	事業場の所在地	〒 —	
	事業主の氏名		
	(法人その他の団体であるときはその名称及び代表者の氏名)		

社会保険 労務士 記載欄	作成年月日・提出代行者・事務代理者の表示	氏 名	電話番号 ( ) —

書式　障害補償給付　複数事業労働者障害給付

様式第10号（表面）

業務災害用
複数業務要因災害用

労働者災害補償保険

障害補償給付
複数事業労働者障害給付　支給請求書
障害給付
障害特別支給金
障害特別年金　　支給申請書
障害特別一時金

① 労働保険番号				
府県	所掌	管轄	基幹番号	枝番号
13	1	09654	321000	000

② 年金証書の番号

管轄局	種別	西暦年	番号

③ 労働者

フリガナ	シラカワ　ショウタ
氏　名	白川　翔太　（男・女）
生年月日	昭和63年6月8日（36歳）
フリガナ	カナガワケン　カワサキシ　スミヨシチョウ
住　所	神奈川県川崎市住吉町2-11-4
職　種	建設作業員
所属事業場名称・所在地	

④ 負傷又は発病年月日　6年8月14日　午前・後 13時27分頃

⑤ 治癒（症状固定）年月日　6年11月20日

⑦ 平均賃金　6521円73銭

⑥ 災害の原因及び発生状況　（あ）どのような場所で（い）どのような作業をしているときに（う）どのような物又は環境に（え）どのような不安全な又は有害な状態があって（お）どのような災害が発生したかを簡明に記載すること

上司からの強い叱責が続いていたところ、頭痛や吐き気、体がだるくて動けないなどが続き、抑うつ状態もあったため、受診したところ、うつ病と診断された。

⑧ 特別給与の総額（年額）　500,000円

⑨ 厚生年金保険等の受給関係

㋑ 厚年等の年金証書の基礎年金番号・年金コード			㋺ 被保険者資格の取得年月日		年　月　日
当該傷病に関して支給される年金の種類	年金の種類		厚生年金保険法の　イ、障害年金　ロ、障害厚生年金 国民年金法の　イ、障害年金　ロ、障害基礎年金 船員保険法の障害年金		
	障害等級				級
	支給される年金の額				円
	支給されることとなった年月日				年　　月　　日
	厚年等の年金証書の基礎年金番号・年金コード				
	所轄年金事務所等				

③の者については、④、⑥から⑧まで並びに⑨の㋑及び㋺に記載したとおりであることを証明します。

6年11月29日

事業の名称　株式会社 立花工務店　電話（03）3321-1123
事業場の所在地　品川区五反田1-2-3　〒141-0000
事業主の氏名　代表取締役 立花 太郎
（法人その他の団体であるときは、その名称及び代表者の氏名）

〔注意〕⑨の㋑及び㋺については、③の者が厚生年金保険の被保険者である場合に限り証明すること。

⑩ 障害の部位及び状態　（診断書のとおり）

⑪ 既存障害がある場合にはその部位及び状態

⑫ 添付する書類その他の資料名

⑬ 年金の払渡しを受けることを希望する金融機関又は郵便局

（郵便貯金銀行を除く）金融機関　支店等を除く

	名称	※ 金融機関店舗コード
	東都　銀行・金庫　農協・漁協・信組　住吉　本店・本所 出張所 支店・支所	
預金通帳の記号番号	普通・当座　第 9753124 号	

郵便貯金銀行の支店等又は郵便局

	名称	※ 郵便局コード
	フリガナ	
所在地	都道府県　市郡区	
預金通帳の記号番号	第　　　　号	

上記により

障害補償給付
複数事業労働者障害給付
障害給付
障害特別支給金　の支給を請求します。
障害特別年金
障害特別一時金　の支給を申請します。

6年11月29日

品川 労働基準監督署長 殿

請求人申請人の
〒211-0000
電話（080）6809-7731
住所　神奈川県川崎市住吉町2-11-4
氏名　白川　翔太
□本件手続を裏面に記載の社会保険労務士に委託します。

個人番号　2468011357 99

振込を希望する金融機関の名称			預金の種類及び口座番号	
東都　銀行・金庫　農協・漁協・信組	住吉	本店・本所 出張所 支店・支所	普通・当座　第 9753124 号 口座名義人	

第6章　ハラスメント被害と社会保険・労働保険

様式第10号（裏面）

⑭その他就業先の有無		
有	有の場合のその数 （ただし表面の事業場を含まない）　　　　社	有の場合でいずれかの事業で特別加入している場合の特別加入状況 （ただし表面の事業を含まない）
無		労働保険事務組合又は特別加入団体の名称
労働保険番号（特別加入）		加入年月日　　　　　　　　　　　年　　　　　月　　　　　日
		給付基礎日額　　　　　　　　　　　　　　　　　　　　　　　円

〔注意〕
1　※印欄には記載しないこと。
2　事項を選択する場合には該当する事項を〇で囲むこと。
3　③の労働者の「所属事業場名称・所在地」欄には、労働者の直接所属する事業場が一括適用の取扱いを受けている場合に、労働者が直接所属する支店、工事現場等を記載すること。
4　⑦には、平均賃金の算定基礎期間中に業務外の傷病の療養のため休業した期間が含まれている場合に、当該平均賃金に相当する額がその期間の日数及びその期間中の賃金を業務上の傷病の療養のため休業した期間の日数及びその期間中の賃金とみなして算定した平均賃金に相当する額に満たないときは、当該みなして算定した平均賃金に相当する額を記載すること（様式第8号の別紙1に内訳を記載し添付すること。ただし、既に提出されている場合を除く。）。
5　⑧には、負傷又は発病の日以前1年間（雇入後1年に満たない者については、雇入後の期間）に支払われた労働基準法第12条第4項の3箇月を超える期間ごとに支払われる賃金の総額を記載すること（様式第8号の別紙1に内訳を記載し添付すること。ただし、既に提出されている場合を除く。）。
6　請求人（申請人）が傷病補償年金又は複数事業労働者傷病年金を受けていた者であるときは、
　（1）　①、④及び⑥には記載する必要がないこと。
　（2）　②には、傷病補償年金又は複数事業労働者傷病年金に係る年金証書の番号を記載すること。
　（3）　事業主の証明を受ける必要がないこと。
7　請求人（申請人）が特別加入者であるときは、
　（1）　⑦には、その者の給付基礎日額を記載すること。
　（2）　⑧は記載する必要がないこと。
　（3）　④及び⑥の事項を証明することができる書類その他の資料を添えること。
　（4）　事業主の証明を受ける必要がないこと。
8　⑬については、障害補償年金、複数事業労働者障害年金又は障害特別年金の支給を受けることとなる場合において、障害補償年金、複数事業労働者障害年金又は障害特別年金の払渡しを金融機関（郵便貯金銀行の支店等を除く。）から受けることを希望する者にあっては「金融機関（郵便貯金銀行の支店等を除く。）」欄に、障害補償年金、複数事業労働者障害年金又は障害特別年金の払渡しを郵便貯金銀行の支店等又は郵便局から受けることを希望する者にあっては「郵便貯金銀行の支店等又は郵便局」欄に、それぞれ記載すること。
　なお、郵便貯金銀行の支店等又は郵便局から払渡しを受けることを希望する場合であって振込によらないときは、「預金通帳の記号番号」の欄は記載する必要がないこと。
　また、年金等の受取口座として、国に事前に登録した公金受取口座を利用する場合は、「登録している公金受取口座を利用します：□」の□にレ点を記入すること。その際、口座情報の記載や通帳の写しの添付等は必要がないこと。
9　「個人番号」の欄については、請求人（申請人）の個人番号を記載すること。
10　本件手続を社会保険労務士に委託する場合は、「請求人（申請人）の氏名」欄の下の□にレ点を記入すること。
11　⑭「その他就業先の有無」で「有」に〇を付けた場合は、様式第8号の別紙3をその他就業先ごとに記載すること。その際、その他就業先ごとに様式第8号の別紙1を記載し添付すること。なお、既に他の保険給付の請求において記載している場合は、記載の必要がないこと。
12　複数事業労働者障害年金の請求は、障害補償年金の支給決定がなされた場合、遡って請求されなかったものとみなされること。
13　⑭「その他就業先の有無」欄の記載がない場合又は複数就業していない場合は、複数事業労働者障害年金の請求はないものとして取り扱うこと。
14　疾病に係る請求の場合、脳・心臓疾患、精神障害及びその他二以上の事業の業務を要因とすることが明らかな疾病以外は、障害補償年金のみで請求されることとなること。

社会保険 労務士 記載欄	作成年月日・提出代行者・事務代理者の表示	氏　　名	電話番号
			（　　　　） 　　　―

194

業務上のパワハラやセクハラが原因で休業したときの届出

労働者の休業中の生活費が支給される

● 休業補償給付と休業特別支給金が支給される

　業務中のセクハラやパワハラなどが原因でメンタルヘルス疾患になり、会社を休職し、給料を受けられない場合、労働者は労災保険から休業補償給付を受けることができます。この場合、休業した日の4日目から給与の補償として休業補償給付と休業特別支給金が支給されます。支給額は次のとおりです（単一事業労働者の場合）。

休業（補償）給付　＝　給付基礎日額の60%　×　休業日数
休業特別支給金　　＝　給付基礎日額の20%　×　休業日数

【請求手続】

　休業補償給付支給請求書（198ページ）に治療を受けている医師から労務不能であった期間の証明を受け、事業場管轄の労働基準監督署に提出します。休業補償給付支給請求書を記載していく中で重要なのが「発生原因及び発生状況」の項目です。書式においては、数行に渡り罫線が引かれており、①どのような場所で、②どのような作業をしているときに、③どのような物・環境によって、④どのような有害な状態があって⑤どのような災害が発生したのか、について、詳細に記入することができるようになっています。特にメンタルヘルス疾患に基づく労災認定を受ける上では、業務上の出来事が、どの程度心理的負荷につながったのかを明らかにする必要があります。そのため、単に会社で嫌がらせやいじめを受けたなどと記載するのではなく、具体的にどのような職場環境において、当該労働者が職務上いかなる立場

にあって、どのような業務を行っている過程で発生した心理的負荷が、メンタルヘルス疾患の発症につながったのかがわかるように詳細に記載するとよいでしょう。あわせて、メンタルヘルスに変調をきたしたと記載するのみではなく、病院等で具体的に「うつ病」などの診断を受けている場合には、診断を受けた日時等を明らかにしながら記載することで、スムーズな労災認定につながることもあります。

　なお、休業特別支給金は、休業補償給付支給請求書と同一の用紙で同時に請求を行うことができます。

【添付書類】
①　出勤簿、賃金台帳
②　場合によっては、業務と病気との因果関係を証明する書類

【ポイント】
　休業の期間が長期になる場合は、1か月ごとなど期間を区切って請求することもできます。

　休業してから3日間（待期期間）は、休業（補償）給付は支給されません。ただ、業務災害の場合は事業主が待機期間の3日分を補償しなければなりません。その額は、平均賃金の60%以上とされています。

　待期期間の3日間は、連続していても断続していてもかまいません。

　休業日の初日は治療を受け始めた日になります。ケガの発生が所定労働時間内であり、その途中で勤務を切り上げて早退し、病院で治療を受けた場合はその日が休業の初日になります。ただし、ケガの発生が所定労働時間外の場合や終業後に病院で治療した場合などは、その日の翌日が休業日の初日となります。

　平均賃金算定内訳の計算方法は、原則として、業務中の災害によるケガや病気の原因となった事故が発生した日の直前3か月間に、その労働者に対して支払われた給料の総額をその期間の暦日数で除した金額です。なお、給料の締切日があるときは災害発生日の直前の給料の締切日からさかのぼった3か月間になります。記入欄については、メ

ンタルヘルスやうつ病など、発症年月日が明確にわからない場合には記載方法を提出先の労働基準監督署に確認するようにしましょう。

書式の⑲の療養のため労働できなかった期間とは、病院などで療養を受けていて休業していることが前提になります。そのため、病院にかからず自宅療養をしている場合は支給の対象になりません。

休業（補償）給付支給請求書には、事業主の証明が必要になりますが、2回目以降の請求が退職後の場合は証明欄の記入は必要ありません。

平均賃金算定内訳（200ページ）のＡの賃金は、労働日数に関係なく一定の期間に支払われた賃金を記入します。月給制の人の基本手当や職務手当などがこれに該当します。Ｂは労働日数や労働時間数に応じて支払われた賃金を記入します。日給制の人の基本給や時間外手当などがこれに該当します。なお、2回目以降の請求の場合、様式第8号の裏面（199ページ）については記入する必要はありません。平均賃金算定内訳についても1回目に提出済のため省略することができます。

治療を受けている医師に証明を書いてもらうわけですが、記載もれがある場合もありますので、労働基準監督署に提出する前に再度見直すようにします。

■ 休業（補償）給付のしくみ

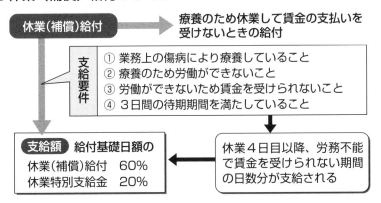

第6章　ハラスメント被害と社会保険・労働保険　197

書式　休業補償給付支給請求書

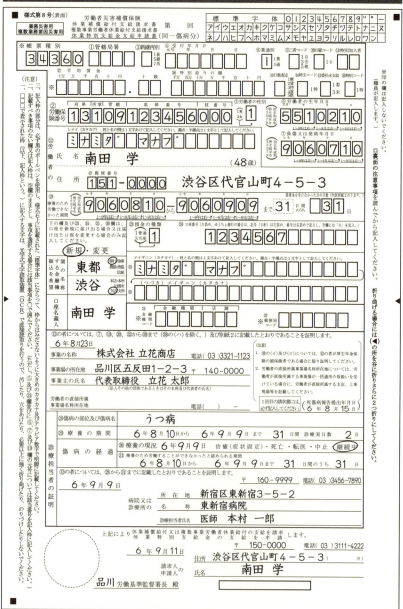

様式第8号（裏面）

〔注　意〕

㉜ 労働者の職種	㉝ 負傷又は発病の時刻	㉞ 平均賃金（算定内訳別紙1のとおり）
事務職	午前・午後　9 時 00 分頃	10,197 円 80 銭

㉟所定労働時間	午前・午後　9 時 00 分から午前・午後　5 時 00 分まで	㊱休業補償給付額、休業特別支給金額の改定比率	平均給与額（証明書のとおり）

㊲災害の原因、発生状況及び　（あ）どのような場所で（い）どのような作業をしているときに（う）どのような物又は環境に（え）
　発生当日の就労・療養状況　どのような不安全な又は有害な状態があって（お）どのような災害が発生したか（か）⑦と初診日
　　　　　　　　　　　　　　と災害発生日が同じ場合は当日所定労働時間内に通院したか、⑦と初診日が異なる場合はその
　　　　　　　　　　　　　　理由を詳細に記入すること

責任の重い仕事を一人で任されていたことにより、心労から
不眠、めまい、食欲の低下、気分の落ち込みなどが1か月ほど
続いていたため、受診したところ、うつ病と診断された。

㊳ 厚生年金保険等の受給関係	（イ）基礎年金番号			（ロ）被保険者資格の取得年月日		年　　月　　日
	（ハ）当該傷病に関して支給される年金の種類等	年金の種類		厚生年金保険法の　イ 障害年金　ロ 障害厚生年金 国民年金法の　　ハ 障害年金　ニ 障害基礎年金 船員保険法の　　ホ 障害年金		
		障害等級				級
		支給される年金の額				円
		支給されることとなった年月日			年　　月　　日	
		基礎年金番号及び厚生年金等の年金証書の年金コード				
		所轄年金事務所等				

㊴その他就業先の有無		
有 無	有の場合のその数 （ただし表面の事業場を含まない）	社
	有の場合でいずれかの事業で特別加入している場合の特別加入状況（ただし表面の事業を含まない）	労働保険事務組合又は特別加入団体の名称
		加入年月日　　　年　　月　　日
		給付基礎日額　　　　　　　円
		労働保険番号（特別加入）

社会保険労務士記載欄	作成年月日・提出代行者・事務代理者の表示	氏　名	電話番号
			（　）　－

第6章　ハラスメント被害と社会保険・労働保険　199

様式第8号（別紙1）　（表面）

労　働　保　険　番　号				氏　　　名	災害発生年月日
府県 所掌 管轄	基　幹　番　号	枝番号		南田　学	令和6年 8月 10日
1 3 1 0 9	1 2 3 4 5 6	0 0 0			

平均賃金算定内訳

(労働基準法第12条参照のこと。)

雇　入　年　月　日	平成20年 12月 1日	常用・日雇の別	（常用） 日雇
賃金支給方法	（月給）週給・日給・時間給・出来高払制・その他請負制	賃金締切日	毎月 20日

A 月・週その他一定の期間によって支払ったもの	賃金計算期間		4月21日から 5月20日まで	5月21日から 6月20日まで	6月21日から 7月20日まで	計
	総　日　数		30日	31日	30日	(イ) 91日
	賃金	基本賃金	270,000円	270,000円	270,000円	810,000円
		職務手当	20,000	20,000	20,000	60,000
		営業手当	10,000	10,000	10,000	30,000
		計	300,000円	300,000円	300,000円	(ロ) 900,000円

B 日若しくは時間又は出来高払制その他の請負制によって支払ったもの	賃金計算期間		4月21日から 5月20日まで	5月21日から 6月20日まで	6月21日から 7月20日まで	計
	総　日　数		30日	31日	30日	(イ) 91日
	労　働　日　数		19日	21日	21日	(ハ) 61日
	賃金	基本賃金	円			
		残業手当	12,000	9,000	7,000	28,000
		手当				
		計	12,000円	9,000円	7,000円	(ニ) 28,000円

総　　　　計	312,000円	309,000円	307,000円	(ホ) 928,000円
平　均　賃　金	賃金総額(ホ) 928,000円÷総日数(イ) 91 = 10,197円 80銭			

最低保障平均賃金の計算方法

A の(ロ) 900,000円÷総日数(イ) 91 = 9,890円 10銭 (ヘ)

B の(ニ) 28,000円÷労働日数(ハ) 61 × $\frac{60}{100}$ = 275円 40銭 (ト)

(ヘ) 9,890円 10銭 + (ト) 275円 40銭 = 10,165円 50銭 (最低保障平均賃金)

日日雇い入れられる者の平均賃金（昭和38年労働省告示第52号による。）	第1号又は第2号の場合	賃金計算期間 月　日から 月　日まで	(イ) 労働日数又は労働総日数 日	(ロ) 賃金総額 円	平均賃金(ロ)÷(イ)×$\frac{73}{100}$ 円　銭
	第3号の場合	都道府県労働局長が定める金額			円
	第4号の場合	従事する事業又は職業			
		都道府県労働局長が定めた金額			円

漁業及び林業労働者の平均賃金（昭和24年労働省告示第5号第2条による。）	平均賃金協定額の承認年月日	年　月　日 職種	平均賃金協定額 円

① 賃金計算期間のうち業務外の傷病の療養等のため休業した期間の日数及びその期間中の賃金を業務上の傷病の療養のため休業した期間の日数及びその期間中の賃金とみなして算定した平均賃金

(賃金の総額(ホ)－休業した期間にかかる②の(リ)) ÷ (総日数(イ)－休業した期間②の(チ))

(　　円－ 　　円) ÷ (　　日－ 　　日) = 　　円 　　銭

業務以外で負傷・病気をしたときに手当金を受けるための届出

生活費として傷病手当金が支給される

● 傷病手当金は業務外の病気やケガに支給される

　メンタルヘルス疾患の場合、労働災害かどうかが争われることがあります。労災と認められれば、労災保険から補償を受けることになりますが、業務上の労災と認められない場合は、健康保険を利用してもらうことになります。厚生労働省の令和4年度「過労死等の労災補償状況」では、過重な仕事が原因で発症した脳・心臓疾患についての労災認定率は38.1％、仕事による強いストレスなどが原因で発病した精神障害についての労災認定率は35.8％となっています。約6.5割が労災と認定されていないのが現状で、そういった場合は、傷病手当金を受けることになります。

　傷病手当金は、労働者（被保険者）が業務外の病気やケガで働くことができなくなり、その間の賃金を得ることができないときに支払われます。傷病手当金の給付を受けるためには、療養のために働けなくなり、その結果、連続して3日以上休んでいたことが要件となります。「療養のため」とは、健康保険給付として受ける療養に限定されず、自費で診療を受けた場合でも、仕事に就くことができないことについての証明があるときは支給対象となります。また、「働くことができない」状態とは、病気やケガをする前にやっていた仕事ができないことを指します。軽い仕事だけならできるが以前のような仕事はできないという場合にも、働くことができない状態にあたります。

● 支給までには3日の待期期間がある

　傷病手当金の支給を受けるには、連続して3日間仕事を休んだこと

第6章　ハラスメント被害と社会保険・労働保険　201

が要件となりますが、この3日間はいつから数える（起算する）のかを確認しておきましょう。

3日間の初日（起算日）は、原則として病気やケガで働けなくなった日として医師が証明した日となります。たとえば、就業時間中に業務とは関係のない事由で病気やケガをして働けなくなったときは、その日に病院を受診して、医師の証明があるときはその日が起算日になります。また、就業時間後に業務とは関係のない事由で病気やケガをして働けなくなったときは、その翌日が起算日となります。

休業して4日目が傷病手当金の支給対象となる初日です。それより前の3日間については傷病手当金の支給がないため、「待期の3日間」と呼ばれています。待期の3日間には、会社などの公休日や有給休暇も含みます。この3日間は必ず連続している必要があります。

● 傷病手当金は通算して1年6か月まで支給される

傷病手当金の支給額は、1日につき標準報酬日額の3分の2相当額です。ただ、会社などから賃金の一部が支払われたときは、傷病手当金と支払われた賃金との差額が支払われます。

標準報酬日額とは、直近1年間の標準報酬月額を平均した額の30分の1の額で、傷病手当金の支給期間は、傷病手当金の支給対象となる日を通算して1年6か月です。これは、支給を開始した日からの暦日数で数えます。なお、出産手当金が支給される場合は傷病手当金は支給されませんが、出産手当金より傷病手当金の方が多い場合は、差額が傷病手当金として支給されます。

● 傷病手当金の支給申請を行う

次の請求手続、添付書類などを参考にして傷病手当金の支給申請を行います。

【請求手続】
　傷病手当金支給申請書（204ページ）を提出します。提出先は、事業所を管轄する全国健康保険協会の都道府県支部または会社の健康保険組合です。

【添付書類】
① 就労していたかどうか、その際の賃金の支払い状況を確認するために、賃金台帳や出勤簿が必要となります。
② 役員の場合は、「報酬を支払わない」とした旨が記載してある取締役会議事録が必要になります。

【ポイント】
　申請書には、事業主の証明と療養担当者の意見を記入する欄がありますので、記入してもらう必要があります。事業主は、労務に服することができなかった期間（休業期間）の勤務状況や賃金の支払状況を証明します。出勤した日に〇をつけ、出勤していない日に支給した金額（出勤にかかわらず支給される手当や有給休暇で支給した金額）を記入します。
　療養担当者の意見は、傷病名や療養のため就労できなかった期間とその日数などを証明します。また、本人記入欄には、労災請求中や労災保険から休業補償給付を受けている場合には、そのことを記入する必要があります。この場合には傷病手当金を受給できない可能性がありますので注意が必要です。

■ 傷病手当金の支給期間

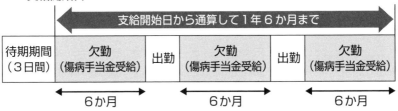

第6章　ハラスメント被害と社会保険・労働保険　203

書式 健康保険傷病手当金支給申請書

健康保険 傷病手当金 支給申請書

1 2 3 4 ページ

被保険者記入用 （傷）

被保険者が病気やケガのため仕事に就くことができず、給与が受けられない場合の生活保障として、給付金を受ける場合にご使用ください。
なお、記入方法および添付書類等については「記入の手引き」をご確認ください。

被保険者・申請者情報

被保険者証	記号（左づめ）	番号（左づめ）	生年月日
	7 1 0 1 0 2 0 3 1 3		1 昭和 / 2 平成 / 3 令和 ① 62 年 01 月 31 日

氏名（カタカナ）： ホンジ ョ ウ タカシ

姓と名の間は1マス空けてご記入ください。濁点（゛）、半濁点（゜）は1字としてご記入ください。

氏名： **本上 貴志**

※申請者はお勤めされている（いた）被保険者です。被保険者がおなくなりになっている場合は、相続人よりご申請ください。

郵便番号（ハイフン除く）： 1 1 0 0 0 0 1

電話番号（左づめハイフン除く）： 0 3 3 3 3 3 1 1 1 1

住所： 東京 ㊞都道府県 目黒区東7－3－19

振込先指定口座

振込先指定口座は、上記申請者氏名と同じ名義の口座をご指定ください。

金融機関名称	東西	銀行 金庫 信組 / 農協 漁協 / その他（ ）	支店名	目黒駅前	本店 支店 / 代理店 出張所 本店営業部 / 本所 支店

預金種別： 1 普通預金

口座番号（左づめ）： 1 2 3 4 5 6 7

ゆうちょ銀行の口座へお振り込みを希望される場合、支店名は3桁の漢数字を、口座番号は振込専用の口座番号（7桁）をご記入ください。
ゆうちょ銀行口座番号（記号・番号）ではお振込できません。

2ページ目に続きます。 »»

被保険者証の記号番号が不明の場合は、被保険者のマイナンバーをご記入ください。
（記入した場合は、本人確認書類等の添付が必要となります。） ▶

社会保険労務士の提出代行者名記入欄	

以下は、協会使用欄のため、記入しないでください。

MN確認（被保険者）	□	1. 記入有（添付あり） / 2. 記入有（添付なし） / 3. 記入無（添付あり）

添付書類	職歴	□	1. 添付 / 2. 不備	年金	□	1. 添付 / 2. 不備	労災	□	1. 添付 / 2. 不備
	戸籍（法定代理）	□	1. 添付	口座証明	□	1. 添付			
	その他	□	1. その他	（理由）			枚数	□□	

受付日付印

（2023.3）

6 0 1 1 1 1 0 1

全国健康保険協会
協会けんぽ

1／4

204

健康保険 傷病手当金 支給申請書

1 **2** 3 4 ページ

（被保険者記入用）

被保険者氏名	本上 貴志

申請内容

① 申請期間
（療養のために休んだ期間）

令和 `0 6` 年 `0 7` 月 `0 1` 日 から
令和 `0 6` 年 `0 8` 月 `3 1` 日 まで

② 被保険者の仕事の内容
（退職後の申請の場合は、退職前の仕事の内容）

OA機器の営業（ルート回り）

③ 傷病名

☑ 療養担当者記入欄（4ページ）に記入されている傷病名と申請である場合は、左記に☑を入れてください。
別傷病による申請を行う場合は、別途その傷病に対する療養担当者の証明を受けてください。

④ 発病・負傷年月日

`2` 1.平成 2.令和 `0 6` 年 `0 7` 月 `0 1` 日

⑤-1
傷病の原因

`1`
1. 仕事中以外（業務外）での傷病
2. 仕事中（業務上）での傷病 ⟩ ➡ ⑤-2へ
3. 通勤途中での傷病

⑤-2
労働災害、通勤災害の認定を受けていますか。

1. はい
2. 請求中（ 労働基準監督署）
3. 未請求

⑥ 傷病の原因は第三者の行為（交通事故やケンカ等）によるものですか。

`2`
1. はい
2. いいえ

「1. はい」の場合、別途「第三者行為による傷病届」をご提出ください。

確認事項

① 報酬

①-1
申請期間（療養のために休んだ期間）に報酬を受けましたか。

`2`
1. はい ➡ ①-2へ
2. いいえ

①-2
①-1を「はい」と答えた場合、受けた報酬は事業主証明欄に記入されている内容のとおりですか。

1. はい
2. いいえ ➡ 事業主へ確認のうえ、正しい証明を受けてください。

② 年金受給

②-1 障害年金、障害手当金について
今回傷病手当金を申請するものと同一の傷病で「障害厚生年金」または「障害手当金」を受給していますか。（同一の傷病で障害年金等を受給している場合は、傷病手当金の額を調整します）

`2`
1. はい ➡ ②-3へ
2. いいえ

「1. はい」の場合

②-2 老齢年金等について
※退職による健康保険資格の喪失後の期間について、傷病手当金を申請する場合はご記入ください。老齢または退職を事由とする公的年金を受給していますか。（公的年金を受給している場合は、傷病手当金を調整します）

`2`
1. はい ➡ ②-3へ
2. いいえ

「1. はい」の場合

②-3
②-1または②-2を「はい」と答えた場合のみ、ご記入ください。

基礎年金番号									-							

年金コード				

支給開始年月日	1.平成 2.令和		年		月		日

年金額								円（右づめ）

③ 労災補償

③ 今回の傷病手当金を申請する期間において、別傷病により、労災保険から休業補償給付を受給していますか。

`3`
1. はい
2. 請求中（ 労働基準監督署）
3. いいえ

「1. はい」の場合
「2. 請求中」の場合

※「健康保険傷病手当金支給申請書記入の手引き」をご確認ください。

「事業主記入用」は3ページ目に続きます。≫≫

`6 0 1 2 1 1 0 1`

◆ 全国健康保険協会
協会けんぽ

第6章　ハラスメント被害と社会保険・労働保険　205

健康保険 傷病手当金 支給申請書

事業主記入用

労務に服することができなかった期間（申請期間）の勤務状況および賃金支払い状況等をご記入ください。

被保険者氏名（カタカナ）：ホンジョウ　タカシ

勤務状況　2ページの申請期間のうち出勤した日付を【〇】で囲んでください。

令和	06 年	07 月	1 2 3 4 5 6 7 8 9 10 11 12 13 14 15 / 16 17 18 19 20 21 22 23 24 25 26 27 28 29 30 31
令和	06 年	08 月	1 2 3 4 5 6 7 8 9 10 11 12 13 14 15 / 16 17 18 19 20 21 22 23 24 25 26 27 28 29 30 31
令和	年	月	1 2 3 4 5 6 7 8 9 10 11 12 13 14 15 / 16 17 18 19 20 21 22 23 24 25 26 27 28 29 30 31

2ページの申請期間のうち、出勤していない日（上記【〇】で囲んだ日）以外の日に対して、報酬等（※）を支給した日がある場合は、支給した日と金額をご記入ください。

例	令和 05 年 02 月 01 日 から	05 年 02 月 28 日	300000 円
①	令和 06 年 07 月 01 日 から	06 年 07 月 31 日	16000 円
②	令和 06 年 08 月 01 日 から	06 年 08 月 31 日	16000 円
③			
④			
⑤			
⑥			
⑦			
⑧			
⑨			
⑩			

事業主が証明するところ

上記のとおり相違ないことを証明します。

令和 06 年 09 月 13 日

事業所所在地：〒141-0000　東京都品川区五反田1-2-3
事業所名称：株式会社　緑商会
事業主氏名：代表取締役　鈴木　太郎
電話番号：03-3321-1123

60131101

全国健康保険協会　協会けんぽ

「療養担当者記入用」は4ページ目に続きます。

3/4

健康保険 傷病手当金 支給申請書

(4ページ 療養担当者記入用)

患者氏名(カタカナ)	ホンジョウ　タカシ

姓と名の間は1マス空けてご記入ください。濁点(゛)、半濁点(゜)は1字としてご記入ください。

労務不能と認めた期間	令和 06 年 07 月 01 日 から
(勤務先での従前の労務に服することができない期間をいいます。)	令和 06 年 08 月 31 日 まで

傷病名 (労務不能と認めた傷病をご記入ください)	自律神経失調症	初診日(療養の給付の開始年月日)	2 (1.平成 2.令和) 06 年 07 月 01 日

発病または負傷の原因	

発病または負傷の年月日	2 (1.平成 2.令和) 06 年 07 月 01 日

労務不能と認めた期間に診療した日がありましたか。	1 (1.はい 2.いいえ)

上記期間における「主たる症状及び経過」「治療内容、検査結果、療養指導」等：

発汗異常・循環障害を発症。
投薬による治療を行う。

経過は良好で安定しつつあるものの、
依然として上記の症状が継続しているため、
自宅療養を要する。

上記のとおり相違ないことを証明します。　　　令和 06 年 09 月 10 日

医療機関の所在地	東京都港区芝町1－1－1
医療機関の名称	港総合病院
医師の氏名	三田　太郎
電話番号	03－6767－0101

60141101

全国健康保険協会　協会けんぽ

(4/4)

第6章　ハラスメント被害と社会保険・労働保険　207

相談　休職期間中の社会保険

Case　現在会社を休職しているのですが、休職中の賃金について就業規則を確認してみると、休職期間中は無給とされています。賃金が発生しない休職期間中に、社会保険から手当などを受給することはできるのでしょうか。

回答　会社員が加入する労災や健康保険には、休職した場合の手当も用意されています。休職した事情が労災と認められれば労災保険から補償（休業補償給付）を受けることになりますが、労災とはいえないような事情の場合、健康保険の傷病手当金の制度を利用することになります。傷病手当金は、業務以外の理由により就業できない場合に、広く支給される手当金で、休職とした場合でも健康保険は適用されるので、必要な給付を受けることが可能です。ただし、休職している労働者は通常、収入がなかったり大幅に減少していますが、産前産後休業や育児休業と異なり社会保険料は免除されません。

　メンタルヘルス疾患などを含め私傷病による休職の場合、病院に通院・入院したりすることによって医療費も高額になる場合があります。いくら傷病手当金から給与所得の補填があるといっても十分とはいえません。そこで、健康保険では、「高額療養費」という制度を活用することができます。

　高額療養費とは、同一の月（1日から末日まで）にかかった医療費が高額になった場合、所得に応じて一定の自己負担額を超えた分が払い戻される制度です。高額療養費は後から払戻しを受ける制度です（現金給付）が、あらかじめ限度額適用認定証の交付を受けることで、窓口での支払いを軽減することもできます（現物給付）。

　賃金が発生しない休職期間中には、傷病手当金や高額療養費の制度をうまく活用するとよいでしょう。

第7章

トラブルになったときの
手続きと対策

ハラスメントが発生した場合にとるべき対応とは

速やかに事実関係を把握して適切な対処が求められる

● 迅速で適切な対応が必要になる

　職場内でセクハラ・パワハラをはじめとする各種ハラスメントが発生した場合、企業がハラスメントを放置していると、ハラスメント被害を受けている労働者のメンタルヘルスがどんどん悪化してしまい、業務に従事することが困難になって、長期間の休業や退職などの結果を招き、企業の貴重な人材が失われかねません。また、ハラスメントが発生している職場においては、被害を受けている労働者の精神面・健康面などの問題だけでなく、職場の雰囲気の悪化や他の従業員のモチベーションの低下など、さまざまな悪影響が生じて労働効率の低下もつながる可能性があり、企業の業績悪化の一因になることもあります。

　そこで、会社は、ハラスメント被害の相談・申告を受けた場合には、迅速かつ適切な対応を行うことが求められます。

　ハラスメント被害の相談・申告への迅速かつ適切な対応を行うことを可能とするためには、ハラスメント被害が拡大する前の早期の段階から相談に応じる体制を確立し、被害者が主張するようなハラスメント行為が存在するかどうか、事実関係を調査する必要があります。また、ハラスメント被害の事実を確認できた場合には、被害者が今後ハラスメント被害を受けないようにするための措置を早急に講じるとともに、加害者に対し、ハラスメント行為の内容などに応じた適切な処分を速やかに下すこと、その他の再発防止のための措置をとらなければなりません。

● ハラスメントの相談・申告があった場合の対応の流れ

ハラスメント被害の相談・申告があった場合の対応は、大きく分けて、①相談・申告をした従業員および加害者とされている従業員双方の事情聴取、ハラスメント被害を裏付ける客観的な資料・証拠などの有無の調査、当事者以外の第三者の事実聴取、②事実の認定、③ハラスメントの加害者への対応・処分、④ハラスメント被害の再発防止に向けた取り組み（今後の対策）、という4つの段階があります。

以下では、それぞれの段階での注意点について詳しく見ていきましょう。

● 事実調査・事実確認

会社のハラスメント対応は、ハラスメント被害に遭った従業員から、あらかじめ設けておいた企業の専用窓口へ相談・申告があった時からスタートします。会社の担当者がハラスメント被害を訴えている従業員（相談者）から詳しい事情などを聴き取る際には、相談者のプライバシーに配慮して、他の従業員が、相談内容はもちろん、相談していること自体を知ることができないように、専用の相談室などを用意することが望ましいといえます。

■ 事情聴取の際の注意点 ･･････････････････････････････････

企業側の担当者　　　　　　　　　　　　　　聴き取り対象者

事実などの聴取

留意点
- ハラスメントの存在・不存在について判断を下さない
- 聴き取り対象者を責めたり、問い詰めたりせず、中立的な立場で事実の聴き取りを行う

第7章　トラブルになったときの手続きと対策　**211**

実際に相談者から事情を聴き取る際には、相談者の意見を丁寧かつ正確に聴き取るようにしましょう。相談者からは、ハラスメント被害の具体的な内容（加害者とされる者の氏名、加害者とされる者の具体的な言動、ハラスメント被害が発生した日時及び場所、回数、継続期間など）を聴き取るようにしましょう。これらの内容は、会社がその後に行うべき事実認定の起点となることから、聴き取った内容は正確に記録して保管しておく必要があります。相談者からの聴き取りを不十分・不正確な状態で終わらせてしまうと、被害を適切に解決することが困難になるおそれがあると同時に、誤った事実認定に基づいて加害者に処分を加えてしまった場合には、後に別の重大なトラブルの要因になってしまいます。

　このように、相談者からの意見聴取は慎重に行う必要がある一方で、長い時間を割いて一回で相談者から意見を聴き取ることは、労働者の負担が大きくなります。そこで、事実関係が複雑であるなど、聴き取りに長時間を要すると判断した場合には、相談の日時を複数回設けて、相談者の負担を軽減するように配慮するべきです。

　相談者の事情聴取が完了した後は、相談者からハラスメント行為の加害者であると主張している従業員の事情聴取も行い、被害者側・加害者側双方の言い分をしっかりと聴取することが重要です。

　さらに、相談者が主張するハラスメントがあったことを裏付けるような客観的な資料・証拠（たとえばセクハラ被害の場合、メールや手紙、メモ等）があればそれらの資料・証拠を集める必要があります。また、当事者の同僚などの第三者からも事情聴取を行い、当事者の供述内容と合致しているか、当事者の供述内容が信用できるかを検討することも必要です。

　被害者側および加害者側の事情聴取の場面では、会社の担当者は以下の点に留意する必要があります。

・聴き取り対象者を責めたり、問い詰めたりせず、中立的な立場で相

談に応じること

　被害者側および加害者側の事情聴取の段階では、あくまでも、それぞれの言い分を聴き取ることのみを行うべきです。両者の供述の聴き取りは、事実認定を行うための材料を集めている段階にすぎないからです。

　聴き取りの段階で、会社の担当者が自分の意見を相手に伝えることは、対象者の供述を聴き取る時間を削るだけでなく、場合によっては対象者の気分を害したり、丁寧な聴き取りの継続が困難になるおそれすらあることから、避けるべきです。

　たとえば、「なぜもっと早く相談しなかったのか」「もっと早く相談できたはずだ」などと、相談者の相談のタイミングについて問い詰めるようなことや、「あなた自身に問題があるからこういう事態が起きたのではないか」など、対象者を責めるようなことは避けるべきです。

　事情聴取は、何が事実であるかどうかを判断する段階ではありませんので、あくまでも公正・中立な立場で、対象者の言い分を聴き取ることのみに集中しましょう。

・ハラスメントの存在または不存在について判断を下さない

　前述のとおり、当事者の事情聴取は、事実認定を行うための材料を集めている段階にすぎません。また、その後の調査によって、新たな事実が判明することもあります。

　そのため、事情聴取の時点では、ハラスメントの存在または不存在について、「これはハラスメントに該当する」「ハラスメントがあったと認められる」「その程度の行為はハラスメントには当たらない」「ハラスメントは存在したとはいえない」などといった具体的な判断を下さないようにしましょう。

● 事実認定

　会社は、被害者及び加害者とされている従業員双方の意見聴取（目撃者などの第三者の意見聴取も含みます）によって得られた情報や、ハ

第7章　トラブルになったときの手続きと対策　213

ラスメントの存在を基礎付けるような客観的な資料・証拠（メール、手紙、メモ、写真など）の有無およびその内容等を総合的に判断して、ハラスメント被害を相談・申告した従業員の主張どおりのハラスメント被害が存在するかどうかについて決定します。これを事実認定といいます。

● 事実認定をする際の注意点

会社が事実認定を行う際は、以下の点に注意する必要があります。

・中立的な立場から、事実であると客観的・合理的に考えられる事項を事実として認定する

被害を受けたと主張する従業員または加害者とされている従業員のうち、一方の意見のみを重視して偏った事実認定をしてはいけません。たとえば、最初に聴き取りを開始した相談者の供述内容にインパクトがあり、印象に残っているからといって、相談者の供述内容が事実であるとの先入観を持ってしまうという事態は避けなければなりません。加害者とされている従業員の言い分の方が正しいという場合もあり得ることを忘れずに事情聴取を行う必要があります。被害者に重大な事実誤認や虚偽の報告がある場合もありますし、ハラスメント被害が事実無根である可能性も考えられます。事実認定は、事情聴取や事実調査によって得られた情報を慎重に吟味して、当事者のどちらの供述内容を信用できるかを判断することになります。

● ハラスメントの事実が認定できた場合

事実認定の結果、ハラスメントの事実が認定できた場合には、加害者に対する処分や、被害者に対する措置等を行います。

加害者に対する処分においては、ハラスメント行為の内容・程度や、被害者が受けた被害（心身の状況）の程度、ハラスメント行為の期間や回数などを総合的に考慮した上で、しかるべき処分を決定します。

加害者への処分としては、厳重注意や指導、異動を行うことや、被

害者に謝罪するよう促すなどの方法の他、就業規則に定める懲戒処分の対象に該当する場合には、懲戒処分を行う必要があります。

一般的な懲戒処分としては、①けん責・戒告、②減給、③出勤停止、④降格、⑤諭旨解雇、⑥懲戒解雇などが挙げられます。①が最も軽い処分であり、⑥が最も重い処分となります。

懲戒処分を行う場合には、ハラスメント行為の内容・程度と処分の重さとが均衡のとれたものでなければなりません。均衡がとれているとはいえない場合には、懲戒処分権の濫用に該当するとして、裁判所によってその懲戒処分は無効とされる可能性があります。

ハラスメントの内容・程度が深刻であればあるほど、会社は、より重い処分を下すことを検討しなければなりません。たとえば、2年以上に渡り悪質なセクハラ行為が継続されていたというようなケースでは、最も重い処分である懲戒解雇処分を下すことは妥当であるといえるでしょう。これに対して、上司が部下に対し、一度だけ「バカ！」と暴言を浴びせたというケースにおいて、上司に懲戒解雇処分を下すことは、ハラスメントの内容・程度と処分の重さが釣り合っておらず、処分の相当性を欠き無効となります。

なお、加害者に対する懲戒処分の内容については、被害者に対して

■ **ハラスメント被害における事実認定**

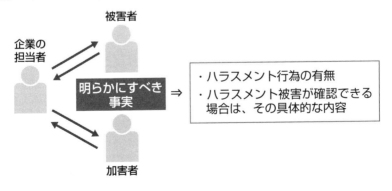

も報告・説明する必要があります。聴き取った事情を基に、いかなる事実認定を行い、認定した事実に基づき、どのような理由でどのような処分を下すに至ったのかを被害者に対して明らかにすることで、会社の対応として行った処分の透明性・公正性を示すことが可能になります。また、ハラスメント行為が存在するとの事実認定がなされたものの、ハラスメント行為が被害者の業務処理能力や勤務態度などの問題に起因して発生したというケースも存在します。このようなケースでは、会社は、被害者に対して、加害者の処分内容を説明するとともに、被害者の業務処理能力・勤務態度などの問題点を指摘した上で、改善を求めることで、より良い職場環境の実現につながります。

● 今後の予防策を講じる

　具体的なハラスメント被害が解決できたとしても、同様のハラスメント行為が繰り返される場合には、被害者に対して被害を与え続けるだけでなく、他の従業員に対しても、不安を与えかねず、働きやすい環境を提供しているということはできません。そこで、ハラスメント被害があった場合には、今後の予防策を講じることが重要です。

　予防策は主に、①ハラスメント行為の再発を防ぐこと、②職場環境としてハラスメント被害が生まれないような環境を実現することの2つに分けることができます。

　①ハラスメントの再発を防ぐためには、従業員全員を対象に研修を実施するなどの対応が考えられます。具体的なハラスメント被害に関する一般的な事例およびその解決策などを共有し、従業員にハラスメントにあたる行為の類型について、理解を促すことが有用です。

　②職場環境の改善については、ハラスメント被害が生まれないように、社内教育の実施および社内コミュニケーションの充実を図るとともに、労働環境の改善に取り組み、従業員のストレスの軽減に努めることも有効な方法となります。

相談 事情聴取の際に当事者の供述内容が異なる場合

Case 社内の専用窓口に、ハラスメント被害に遭ったとの相談がありました。相談者本人から聴き取った内容と、加害者であるといわれている従業員から聴き取った内容が大きく異なっています。このような場合には、どのように事実を認定すればよいのでしょうか。

回答 ハラスメントの被害者と加害者の供述内容が食い違っており矛盾する、ということがあります。自分に不都合な事実を隠して説明をしていたり、虚偽の説明や大げさな説明をしていることがしばしばあるからです。このような場合には、どちらかの当事者の供述内容と合致する客観的な資料・証拠がないかを確認するべきです。たとえば、セクハラの場合、当事者の供述内容に沿うような内容のメールやメモ等が残されていないかを念入りに確認することが重要です。

また、同じ職場・部署で働く同僚など、ハラスメントの有無・状況等を知っていると思われる当事者以外の第三者の事情聴取を行うことも重要です。第三者の供述内容と被害者・加害者の供述内容を照らし合わせて、当事者のどちらの供述内容と整合性がとれているかを確認することによって、当事者のどちらの供述が信用できるかを判断することができます。ただし、第三者から聴き取り調査を行う上で、相談者のプライバシーに配慮する必要があります。具体的には、窓口の担当者は、第三者から聴き取り調査を行う場合には、ハラスメント被害について口外しないことを徹底しておきましょう。

もし、当事者の供述以外に、客観的な資料や関係者等が存在しない場合は、どちらの当事者の供述内容のほうが信用できるかを慎重に吟味して判断するしかありません。具体的な供述をしているか、不自然な点はないか、供述全体が一貫しているかなどによって、その供述が信用できるかどうかを判断する必要があります。

第7章 トラブルになったときの手続きと対策 **217**

被害者への対応について知っておこう

社内調査の状況などに応じて適切な対応を選択することが必要

● 相談窓口を設けることの重要性と注意点

　ハラスメント被害に対して迅速かつ適切な対応をとるために、会社側は、専用の相談窓口を設置しておくことが重要です。

　その理由として、まず、ハラスメント被害に関する問題は、当事者間のみでは解決することが難しいことが挙げられます。たとえば、上司から部下に対してセクハラ行為が行われたという場合、社内での上下関係を考えると、部下が上司の行為に対して「やめてほしい」と明確に伝えることは容易ではありません。そこで被害者は加害者に対してではなく、専用の相談窓口にハラスメント被害の存在を訴えることによって、相談窓口の担当者による聴き取りや事実調査を踏まえて、問題解決に向けて適切に対応してもらうことを期待できます。

　また、ハラスメント被害の構造が複雑化している場合には、専用の窓口に相談することによって、早期かつ適切な解決を期待することができます。一口に「ハラスメント被害」といっても、その態様はケースごとに異なることに加えて1つのハラスメント行為が複数のハラスメント行為に該当する場合もあります。たとえば、上司から部下に対して身体に触れるなどのセクハラ行為が行われていたというケースにおいて、上司がセクハラ被害を受けた部下に対し「黙っていなければクビにするぞ」などといった恫喝的な言動を合わせて行っていた場合には、同時にパワハラ行為も発生しているということができます。

　このような複数のハラスメント行為が行われているケースでは、一元的にハラスメント被害を取り扱う専門の相談窓口による、早期・適切な対応が期待できます。相談窓口では、一般的に、「専用の個室で

相談することができるため、相談しているという事実や相談内容を他の従業員に知られるおそれがないという点も長所だといえます。

　ただし、ハラスメント被害に対応する専用の相談窓口の存在が、従業員に周知徹底されていなければ、深刻なハラスメント被害に遭っている従業員が相談窓口の存在を知らず、相談がなされないままハラスメント被害を受け続け、事態がより悪化してしまうというケースも考えられます。また、相談窓口に相談するための事務的な手続きが複雑であったり、手間がかかるものであるような場合には、被害者が相談することを躊躇してしまったり、相談するまでに無用な時間がかかってしまうなどによって、適切なタイミングでの相談が行われない可能性もあります。そのため、専用の相談窓口の存在、および相談を行うための手続きについては、すべての従業員にとってわかりやすいものにしておくことが重要です。なお、相談窓口には、会社内部の相談窓口と会社外部の相談窓口に大別することができます。

・会社内部の相談窓口

　ハラスメントをめぐる問題は、会社内部のコンプライアンスに関する問題のひとつとして取り扱われることが多いため、人事部門の担当者の他、コンプライアンス担当部門や、法務部門が専用窓口を担当することがあります。

・会社外部の相談窓口

　内部の相談窓口ではハラスメント問題へ十分に対応することが困難なケースに備えて、会社と提携している法律事務所や社会保険労務士事務所を、専用窓口として定めることも可能です。

● 上司に部下からハラスメント被害の相談があった場合の対応と注意点

　被害者が、上司に対してハラスメント被害があったことを訴えることもあります。たとえば、課長からセクハラ被害に遭っている部下が、その課長の上司にあたる部長に対してセクハラ被害を訴えるという

ケースなどが挙げられます。この場合、セクハラ被害に遭っている従業員にとって、組織系統がわかりやすく、速やかに相談することができるというメリットがあります。また、同じ職場の上司であれば、日頃から職場の環境や、被害者の勤務態度・正確などをよく知っていることから、被害者としては、会社の専門窓口の担当者よりも相談しやすい場合もあります。

　しかし、上司はハラスメント行為への対応に精通しているわけではないため、必要かつ適切な対応をとることが期待できない場合もあります。また、上司による内部組織のかばい合いが生じる危険性も否定できません。たとえば、被害者が部長に対して課長によるセクハラ被害を訴えたとしても、相談を受けた部長が、部下である課長の失態が自分の責任問題となりかねないため、ハラスメント行為の存在を隠したり、適切な対応をとらずに放置するおそれがあります。

　そのため、上司がハラスメント行為に対する適切な対応を容易にとることができないような場合には、専用の窓口が対応にあたるべきです。そこで、会社としては、部下からハラスメント被害の相談を受ける可能性のある管理職の地位にある従業員に対して、部下から相談を受けた場合は、必要に応じて会社の専用の相談窓口に報告するようにすることなどを、日頃から指導・教育しておくことが重要です。

● ハラスメント被害の事実の調査中における被害者への対応

　被害者が訴えるハラスメント行為の事実が存在するかどうかの確認には、ある程度の時間を要します。そこで、事実確認が完了するまでの間、被害者の暫定的な配置換えを行って、加害者とされている従業員と同一の職場で業務にあたるという負担を軽減することも考えられます。ただし、目撃者の供述などにより、最初からある程度ハラスメント被害の存在が明確である場合には、加害者について事実確認および最終的な処分が決定するまでの間、自宅謹慎にするなどの処分を下

すことも検討するべきです。

● ハラスメント被害の事実の有無の確認後における被害者への対応

　社内調査の結果、ハラスメントの事実を認定できた場合には、加害者に対して、ハラスメント行為の内容に応じた処分を検討します。口頭または文書による厳重注意などを行うことや、ハラスメント行為の悪質性に応じた懲戒処分を行うことを検討する必要があります。加害者に対して何らかの処分を行った場合は、その処分の内容を被害者にも伝えて、加害者へ制裁を行ったことを明らかにすることも必要になります。さらに、被害者が再び加害者からハラスメント被害を受けるおそれがないようにし、安心して業務にあたることができるようにすることも必要です。そこで、加害者が繰り返しハラスメント行為をしていた場合、または繰り返すおそれがある場合などは、加害者または被害者異動（配転命令）により、両者を異なる職場に配置することも検討しなければなりません。ただし、被害者の異動を行う場合には、被害者の意見を聴いて、その同意を得るべきです。

　これに対して、調査の結果、ハラスメント行為が存在しないと判断

■ ハラスメント被害の相談先 ……………………………………………

相談先	メリット	注意点
専用の相談窓口	・中立的な立場の担当者が問題解決に向けた取り組みを行う ・一元的に「ハラスメント被害」全般を扱うことが可能	専用窓口が十分に周知されていない場合や相談の手続きに手間がかかる場合、適切なタイミングでの相談が行われない可能性がある
上司	・被害に遭った場合、迅速に相談することができる ・日頃から同じ職場で働いているので相談しやすい	・被害を隠ぺい・放置するおそれがある ・ハラスメント被害に対して適切な対応をとることができない可能性がある

第7章　トラブルになったときの手続きと対策　**221**

した場合、あるいはハラスメント行為が存在するとの事実が確認できなかった場合は、そのことを、被害を訴えた従業員および加害者であるとされていた従業員の双方に対して伝える必要があります。被害を訴えた従業員に対しては、なぜハラスメントが存在しない・確認できないと判断したのかについて、判断理由を明確に伝えることも重要です。

　なお、ハラスメント行為にあたるほどの不当な行為の存在は認められないものの、不適切な行為がなされていたことは認められる、というケースもあり得ます。その場合、会社としては、職場において不適切な行為がなされたことが判明した以上、そのような行為を行った者に対して何らかの対応をすることを検討することが求められます。たとえば、上司の部下に対する注意の仕方が、乱暴で不適切なものではあったが、ハラスメント行為というほどのものではなかったというような場合が考えられます。このような場合の会社の対応としては、加害者に対して、口頭注意や警告を与えて再発防止を図ることが考えられます。

　このように、会社の事実調査や事実認定の結果によって、会社がとるべき対応が決定されます。そのため、会社の調査が不十分であったために事実誤認や誤った事実認定をしてしまい、当事者を不当に傷つけてしまうことのないように、事情聴取・事実調査およびこれに基づく事実認定は、慎重に行う必要があります。

● 医師の診断が必要な場合

　相談窓口の第一次的な役割としては、ハラスメント被害の存否の確定や、ハラスメント被害の是正です。しかし、ハラスメント被害に遭った労働者は、心身ともにケアが必要なケースも多く、場合によってはそのまま働き続けることができず、休職が必要になる場合もあります。ハラスメント被害が発端になって、メンタルヘルスが悪化するなどの問題も多いため、そのような兆候が見られる場合には、被害者に医師の診断を受けるよう働きかける必要があります。

3 ハラスメント防止対策をする

従業員に対し、ハラスメント行為を行わないように意識させることが重要

● ハラスメント防止に関する定めの作成・周知徹底

　ハラスメントを防止するためには、まず、会社が「ハラスメントを行うことは許さない」ことを、従業員に対して明確に示すことが必要です。

　「職場においてハラスメントがあってはならない」ことを会社が明確に示すことによって、会社がハラスメントに対して毅然とした態度を示すことを明らかにし、従業員全員に、ハラスメント行為の防止に対する意識を強く持たせるようにします。

　そこで、就業規則や社員の心得などの社内規程・社内ルールの中に、ハラスメント防止のための項目を作成することが必要です。具体的には、ハラスメントの定義、ハラスメントの具体例、ハラスメントの加害者に対する会社の対応・処分、ハラスメントの被害者に対して会社が行う措置、などを記載します。このような記載によって、具体的にどのような行為がハラスメントになるのか、またハラスメントが行われた場合には会社によってどのような対応が行われるのかなどについて、従業員に正しく理解してもらうことができ、ハラスメント行為を防ごうという意識を強くもってもらうことが期待できます。

　なお、既存の就業規則に、ハラスメントに関する規定を新たに設ける場合には、就業規則の変更などの手続きを踏まえなければなりません。具体的には、事前に労働組合（労働組合がない会社などについては、従業員の過半数を代表する者）の意見を聴かなければなりません。この意見聴取に際して、ハラスメント被害の防止を徹底することと、他の従業員に呼びかける方法などについても話し合っておくとよいでしょう。

第7章　トラブルになったときの手続きと対策　**223**

就業規則などに定めるルールは、従業員にとってわかりやすい内容である必要があります。オーソドックスな規定の設け方としては、①ハラスメントが禁止行為であることを示す条項を設けます。そして、ハラスメント防止のために、②ハラスメント行為を行った者に対して、会社はどのような種類・内容の処分を行うことができるのかを明確に規定しておく必要があります。また、③ハラスメント被害について、具体的にどのような行為を行った場合に、どのような処分が加えられるのかについて、就業規則の規定から明確になるように、違反行為とそれに対する処分の種類・内容を対応させて規定しておくことが必要です。

　しかし、就業規則の本則にハラスメントについての詳細な規定まで盛り込むと、就業規則が膨大になってしまい、従業員が就業規則の規定をきちんと読まなくなってしまう可能性があります。そこで、別途、ハラスメント防止規程（226ページ）などを作成し、就業規則の本則には次ページ図（「就業規則中のパワハラ防止規程の例」）のような規定を置いた上で、ハラスメント防止規程などにハラスメント防止についての詳細なルールを定めておくのがよいでしょう。ハラスメント防止規程については、「ハラスメント防止規程」を定めて一つの規程の中でセクハラやパワハラについて定める方法と、個別の「セクハラ防止規程」「パワハラ防止規程」のように、セクハラやパワハラなどの類型ごとに規程を作成する方法があります。どのように定めるかについては、各企業で判断することになります。

　このように、ハラスメント防止規程を就業規則とは別に定めることで、就業規則自体がコンパクトになり従業員にとってわかりやすい内容になるとともに、ハラスメントへの対応について詳細なルールを定めることが可能になります。たとえば、ハラスメント行為が就業時間を超えて行われるおそれもあることから、就業時間外の行動についても適用対象に含めることも可能になります。

ハラスメント防止に関する教育・研修の実施

　ハラスメントに関する定めを就業規則などの社内規程に記載することに加えて、従業員に対する教育・研修を実施することも重要です。教育・研修を行う際の講師は、会社のコンプライアンス担当社員など、一定の従業員に担当させることもありますが、ハラスメント問題に強い弁護士や社会保険労務士、コンサルタント会社などの外部の専門家に依頼した方が、より効果的な研修となり、従業員のハラスメントに対する理解が深まることを期待できます。

　従業員に対する研修は、管理職とその他の一般の社員とに分けて行うことが多いようです。管理職に対する研修では、自分自身がハラスメントの加害者になる可能性があることを意識させる必要があります。

　また、管理職は、部下からハラスメント被害の相談を受けて対応にあたる可能性があるため、管理職という立場からどのようにハラスメント行為に対応するべきかという意識をもたせる必要もあります。これに対して、一般の社員に対する研修では、自分がハラスメントの被害者となった場合にはどうするか、同僚がハラスメントの被害者となっている場合にはどうすべきか、などを中心に研修を行います。

　その他にも、従業員全員がハラスメント被害に対処すべきであるということを前提に、労使協定を締結して、労使ともにハラスメント対策に取り組む企業も存在します。

■ 就業規則中のハラスメントに関する規定の例 ·····················

> **第○条（ハラスメント行為に対する対応）**
> 従業員によるハラスメント行為があった場合の対応等については、服務規律及び懲戒処分の規定の他、別途定める「ハラスメント防止規程」の定めるとろこによる。

第7章　トラブルになったときの手続きと対策　**225**

書式　ハラスメント防止規程

ハラスメント防止規程

第1条（目的）　本規程は、会社におけるハラスメントの防止および排除のための措置並びにハラスメントに起因する問題が生じた場合に適切に対応するための措置に関し、必要な事項を定め、会社における従業員の良好な就業環境の保護、人事の公正の確保および従業員の業務能率の発揮を図ることを目的とする。

第2条（定義）　本規程において、次に掲げる用語の意義は各項に定めるところによる。

1　「従業員」とは、正社員、契約社員、嘱託社員、派遣社員、パートタイム労働者、アルバイト、委託契約社員等のすべての従業者及び役員をいう。

2　「関係者」とは、従業員の家族、または関係業者等の職務上の関係を有する者をいう。

3　「ハラスメント」とは、次の各号に掲げる行為および手段のいかんを問わず、相手方の人格権を害し、または相手方の就業環境を害するすべての行為をいう。

①　セクシュアルハラスメント

相手方の意に反する性的な言動により、その相手方が労働条件について不利益を受けたり、就業環境が害されるおそれのある行為等をいう。

②　パワーハラスメント

職務上の地位や人間関係などに関わる職場内の優位性を背景に、業務の適正な範囲を超えて、精神的・身体的苦痛を与える行為、または就業環境を悪化させる行為等をいう。

③　マタニティハラスメント

妊娠したこと、出産したこと、産前産後休業その他の妊娠・出産・育児に関する制度や措置を利用したこと、その他の妊娠・出

産・育児に関する事由に関する言動によって、他の女性従業員の就業環境が害するおそれのある行為等をいう。女性従業員のみならず、男性従業員が育児に関する制度や措置の利用等をすることに対する行為等も含む。

3 「ハラスメントに起因する問題」とは、ハラスメントを受けることにより、従業員の就労上の環境が害され、職務に専念することができなくなる程度に就労上の環境が不快なものになること、およびハラスメントへの対応に起因して従業員が就労上の不利益を受けることをいう。

4 「不利益」には、以下の各号を含む。

① 昇級・昇格、配置転換等の任用上の取扱いや、昇格、昇給等の給与上の取扱い等に関する不利益

② 誹謗中傷を受けることその他事実上の不利益

第3条（従業員の責務） 従業員は、本規程の定めるところに従い、ハラスメント行為を行ってはならない。

第4条（監督者の責務） 従業員を監督する地位にある者（以下「監督者」という）は、次の各号に掲げる事項に注意してハラスメントの防止および排除に努めるとともに、ハラスメントに起因する問題に迅速かつ適切に対処しなければならない。

① 日常の執務を通じた指導等により、ハラスメントに関し、従業員の注意を喚起し、ハラスメントに関する認識を深めさせること。

② 従業員の言動に十分な注意を払うことにより、ハラスメントまたはハラスメントに起因する問題が職場に生じることがないよう配慮すること。

第5条（研修等） 会社は、ハラスメントの防止等を図るため、従業員に対して必要な研修等を実施するものとする。

2 会社は、新たに従業員となった者および新たに監督者となった従業員に対し、ハラスメントに関する基本的な事項について理解させるため、ハラスメントの防止等に関し研修を実施するものとする。

第7章 トラブルになったときの手続きと対策 **227**

第6条（相談窓口の設置） 会社は、ハラスメントに関する相談・苦情の申出（以下「相談・苦情」という）が従業員からなされた場合に対応するため、○○部に相談窓口（以下「相談窓口」という）を設置するとともに、相談・苦情を受ける従業員（以下「相談員」という）を配置するものとする。

2　相談員は、前項の相談・苦情を受けたときは、当事者およびその他の関係者から公正に事情聴取その他必要な調査を行った上で、事実関係を確認しなければならない。

3　相談員は、第1項の相談・苦情に係る当事者に対する助言等により、当該問題を迅速かつ適切に解決するような処置を講ずるように努めるものとする。

第7条（相談・苦情の申出） ハラスメントを受けた従業員に限らず、すべての従業員は、相談窓口に対して、ハラスメントに関する相談・苦情の申出を行うことができる。

2　ハラスメントに関する相談・苦情の申出は、現実に発生した場合のみならず、発生のおそれがある場合にも行うことができる。

第8条（相談・苦情への対応） 相談員は、前条の相談・苦情を受けたときは、当事者およびその他の関係者から公正に事情聴取その他必要な調査を行った上で、事実関係を確認しなければならない。

2　前項の事情聴取その他の調査への協力を求められた従業員は、正当な理由なくこれを拒むことはできない。

3　事情聴取その他の調査の結果、ハラスメントが行われた、または行われようとしていたことが認定された場合には、会社は、ハラスメントの解決のための措置として、懲戒、行為者の異動等、被害者の労働条件および職場環境を改善するために必要な措置を講じなければならない。

第9条（プライバシー等への配慮） 前条に基づく事情聴取その他の調査を行う場合には、事情聴取対象者の名誉、人権およびプライバシーに十分配慮しなければならない。

第10条（不利益取扱いの禁止）　会社は、ハラスメントに対する相談・苦情の申出を行った者、当該相談・苦情に係る事実聴取・調査に協力した者その他ハラスメントに関して正当な対応をした従業員に対し、そのことをもって不利益な取扱いをしてはならない。

第11条（苦情処理委員会）　会社は、第6条第1項の相談窓口の他、ハラスメントその他に関連する問題について相談を受ける苦情処理委員会を設置する。

2　苦情処理委員会の運営に関する事項は、苦情処理委員会運営規程の定めによる。

第12条（懲戒処分）　会社は、ハラスメント行為の事実関係があり、処分が必要であると認められた場合、当該行為を行った従業員に対し、就業規則に基づいて懲戒処分を行う。

第13条（その他のハラスメント行為）　ハラスメント以外の就業環境を害する行為であって、会社がハラスメント行為がなされた場合と同様に対処すべきと認めるものについては、本規程の規定を準用する。

附　　則

1　本規程を変更または廃止する場合は、取締役会の承認を必要とする。

2　本規程は令和○年10月1日から改正し、同日施行する。

3　本規程の主管者は総務部門長とする。

（制定・改廃記録）

制定　　令和○年4月1日

改正　　令和○年7月1日

改正　　令和○年10月1日

相談 専門家を活用する際の注意点

Case ハラスメント被害の相談窓口対応について、社内の従業員がすべて対応するのには限界があると感じているため、社外の専門家に対応を任せることを検討しています。どのような点に注意する必要がありますか。

....

回答 ハラスメントの相談窓口の対応については、社内の従業員が行わずに、社外の弁護士などの労働問題の専門家に相談窓口の対応を依頼するということもあります。専門家は、弁護士の他、心理カウンセラーや社労士など、労働問題に対する一定の専門的知識と経験を有している者とするのが一般的です。また、最近では、ハラスメント対策に特化した事業を展開しているコンサルティング会社も存在することから、ハラスメント対策に関する業務をこのようなコンサルティング会社に委託することも考えられます。

ハラスメント問題について、会社が適切に対応することができるだけの知識や経験を有している人材を確保できるとは限りません。会社側がとるべき対応を誤ってしまい、ハラスメント被害が長期間放置されてしまうことや、ハラスメント被害がさらに拡大してしまうなどの事態が発生する危険性もあります。さらに、このような事態が発生した場合、貴重な人材がハラスメント被害により労務を提供することができなくなったり、会社が多額の損害賠償責任を負うことになるなど、大きな損害に発展するおそれもあります。

そこで、ハラスメントの相談窓口として適切な人材を社内で確保することが難しい場合には、外部の専門家に依頼して、ハラスメント問題の解決に協力してもらうことになります。数多くの労働問題を扱ってきた専門家であれば、具体的な相談事案に応じて、どのような対応を行うことが効果的かなどの、ハラスメント対策のノウハウを持ち合

わせています。そのような専門家がもっているノウハウを会社が利用することで、適切なハラスメント対策を実施することができます。

　ハラスメント被害への対応においては、適切かつ迅速に事実を調査することが重要です。事実の調査においては、ハラスメント被害の解決に必要な情報と不要な情報とを区別する判断能力が必要になります。事情聴取や事実調査によって得られる情報はさまざまなものがあり、専門家は、情報の中から、ハラスメント被害の解決に必要なものを区別する能力に長けているといえます。また、ハラスメントに関する問題が後に訴訟による紛争に発展する可能性がある場合には、労働審判やADR（裁判外紛争解決手続き）に詳しい弁護士などの専門家であれば、紛争解決に必要な事実や証拠を事前に収集し、問題の拡大を防いで早期可決に導くことが期待できます。

　ただし、気をつけなければならないことは、外部の専門家にハラスメント対策を任せきりにしてはいけないということです。確かに、外部の専門家はさまざまなハラスメント対策のノウハウを有しています。しかし、ハラスメントの性質は、それぞれの会社の事情や具体的な事案によって異なります。そのため、会社の詳しい内部事情を知らない外部の専門家だけでは、必ずしも、その会社にとってベストなハラスメント対応を行うことができるとは限りません。専門家が有する知識を会社が有効に利用するためには、専門家と社内のハラスメント対策担当者が緊密に連携することが必要になります。具体的には、外部の専門家のアドバイスが会社の実情に合致しているかを社内で吟味したり、会社が望むのはどのような解決なのかなどを外部の専門家に明確に伝えるなどして、外部の専門家と会社とが十分なコミュニケーションを図りつつ、会社に合った適切な解決方法を模索していくことが大切です。

第7章　トラブルになったときの手続きと対策　**231**

再発防止策と加害者に対する処分について知っておこう

加害者への処分は、ハラスメントの内容・程度等と均衡がとれている必要がある

● ハラスメントの再発防止のための措置

　従業員から、ハラスメント被害の訴えがあり、調査の結果、実際にハラスメント被害の存在が確認できた場合には、会社は再発防止に向けた措置に取り組む必要があります。

　具体的には、まずはすべての従業員に対して、社内でハラスメント行為が発生したことを知らせた上で、改めて会社はハラスメント行為を許さないということを宣言し、通知することによって、ハラスメント行為に対する会社の厳格な姿勢を明確に示す必要があります。

　次に、どのような行為がハラスメント行為に該当するかを改めてすべての従業員に周知した上で、ハラスメント行為を行った場合には、就業規則などの社内ルールに従って、懲戒処分などの制裁を行う可能性があることを、定期的に周知することが重要です。これにより、従業員に対して、ハラスメント行為が許されないものであるという意識を強く持たせる効果を期待することができます。

　さらに、ハラスメントに関する研修の実施も、ハラスメントの再発防止策として有効な手段だといえます。たとえば、社内でハラスメント被害の再発防止に関する研修などを複数回実施して、全従業員に参加を義務付けることが考えられます。研修内容の到達度を図るために、レポート等の提出を義務付けるという方法も考えられます。

　また、社内研修だけでなく、社外で行われているハラスメント研修に参加させることも考えられます。近年では、ハラスメント対策を中心に業務展開を行っているコンサルティング会社も存在しますので、社外の集中的なハラスメント対策の研修プログラムなどへの参加を通

じて、ハラスメントの予防効果が期待できます。

特に、悪質なハラスメントの加害者については、同様のハラスメント行為を繰り返すことがないように、ハラスメントに関する研修の参加を一定期間義務付けるなどの措置をすることも考えられます。

● ハラスメント行為の加害者に対する処分

ハラスメント行為の加害者に対しては、自己の行った行為がハラスメント行為に該当するということを認識させて、今後ハラスメント行為を行わないようにさせる必要があります。

加害者に対しては、ハラスメント行為の内容・程度などに応じて、さまざまな対応・処分をすることが考えられます。

たとえば、一度だけ部下や同僚に暴言を吐いたというような比較的軽微なハラスメント行為である場合には、口頭注意のように、軽い処分で済ませることも考えられます。一方、常習的なものや甚大なものは、就業規則に定められている懲戒処分を下すことが考えられます。懲戒処分の種類は一般に、軽い処分から挙げると、けん責・戒告、減給、出勤停止、降格、諭旨解雇、懲戒解雇があります。

■ ハラスメントの加害者の処分について ……………………

加害者　　　　　　　　　　　　　　　　　　被害者

ハラスメント行為

事実であると判明

他の従業員への対応 ⇒ 再発防止に向けた情報共有・研修など

加害者

懲戒処分　ハラスメント行為の内容・程度に応じた処分を下す

配転命令　例：被害者とは別の部署への配転命令（異動）を行う

第7章　トラブルになったときの手続きと対策　233

いかなる場合にいかなる懲戒処分を行うかについては、使用者側にある程度の裁量が認められています。しかし、ハラスメント行為の内容に比べて、懲戒処分があまりにも重く、両者の均衡を失する場合には、懲戒処分に関する裁量権の濫用にあたるとして、裁判所によって処分が無効とされることもあります。

　暴力行為や長期間に及ぶセクハラ行為など、悪質なハラスメント行為を行った場合には、重い懲戒処分を下したとしても、有効であると判断されるケースが多い傾向にあります。

　たとえば、裁判例では、1年以上セクハラ行為を繰り返した加害者に対して、会社が懲戒処分として出勤停止処分・降格処分に下したケースで、会社が事前に注意などを行っていなかったとしても、この懲戒処分は有効であると判断されたケースがあります。

● 配転命令（異動）

　ハラスメント行為が行われた場合、被害者と加害者が同一の職場環境で働くことは困難な状況に至っているケースもあります。そこで、このようなケースでは、企業としては、加害者または被害者のどちらかに対して配転命令（異動）を発令し、両者を同一の職場に配置せず、できる限り社内で接触しないようにするという対応も考えられます。ただし、配転命令を受けた被害者または加害者の労働条件が従前のものよりも著しく劣悪にならないよう配慮する必要があります。また、特に被害者に対して配転命令を行う場合には、本人の意見や希望を聞いた上で、本人の意思に反するような配転命令を行うことは避けましょう。

　なお、従業員によっては、雇用契約で勤務地が限定されており、配転命令の発令が困難または不可能である場合もありますので、注意が必要です。

相談 内部告発をした従業員に対してとるべき対応

Case 労働基準監督署に対して、当社の従業員による内部告発により「当社のある部署で上司の部下に対するセクハラが行われている」という情報が寄せられました。会社側は、内部告発をした従業員に対してどのように対応するのが適切でしょうか。

回答 ある組織に属する人が、組織内で行われている（または行われようとしている）不正行為について、事業者内部や行政機関などに通報することを内部告発といいます。

事業者内部での公益を害するおそれのある事実を内部から通報した労働者等（労働者、派遣労働者、退職後1年以内の者、役員）を保護することにより、不正行為の予防を促すための法律が「公益通報者保護法」です。この法律では、公益通報をしたことを理由とする不利益取扱い（解雇・降格・減給など）を禁止して、公益通報をした人（公益通報者）を保護しています。

公益通報者保護法の保護対象となるのは、企業が犯罪事実を実際に行っている（あるいは、行おうとしている）事実などについて、従業員が会社に損害を与えるなど不正な目的を持たずに、通報する場合です。公益通報者保護法は、内部告発としてこのような通報をした者に対して、会社側が、降格や減給、解雇などの不利益な取扱いをすることを禁止しています。

公益通報者保護法は本ケースのような、ハラスメント被害に関する内部告発についても適用される場合もあります。ただし、内部告発が不正なものである場合には、そのような不正な告発をした従業員を保護する必要はありません。そこで、①告発の内容が真実であると考えるのが相当である事由があること、②告発の目的が不正ではないこと、③告発の手段が著しく会社側に損害を与えるなどの不当な方法ではな

第7章 トラブルになったときの手続きと対策 **235**

いこと、という要件を満たすことが必要です。

本ケースのようなハラスメント被害に関する内部告発者も、不正なものでない限り、公益通報者保護法の保護の対象となります。したがって、会社側は、内部告発に基づき、ハラスメント被害の有無の調査を開始する必要があることはもちろん、不正な内部告発であることが判明した場合を除いて、内部告発者に対して降格や減給、解雇などの不利益な取扱いをすることは許されません。

●差別的な取扱いについて会社が訴えられた場合

不正行為が表面化すると会社は社会的信用を失い、倒産の危機にさらされます。そこで、会社の経営陣はもちろん、同僚たちも、内部告発者に対して差別的な取扱いをすることがありえます。

差別的な取扱いについて、内部告発者が会社を被告として損害賠償請求訴訟を起こした際の裁判例を見ると、公益通報者保護法の保護対象となる事案だけでなく、その内部告発が保護要件を満たしていなくても、総合的に見て会社の対応に違法性があると判断される場合には、内部告発者の損害賠償請求を認めています。

■ **公益通報者保護制度**

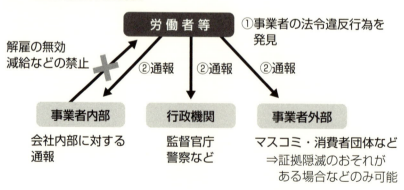

会社と労働者とのトラブルはどのように解決するのか

さまざまな解決手段ごとの手続きの内容を知っておく

● 会社と労働者との間におけるトラブルの発生

　ハラスメントは、加害者である労働者と被害者である労働者との間に生じる個人的なトラブルであることが一般的だといえます。しかし、被害者である労働者が、会社に対し、ハラスメント被害を放置していたことについての責任を追及する場合には、会社と従業員である労働者との間のトラブルととらえることも可能です。

　会社と労働者との間にトラブルが発生した場合、会社の対応としては、まずは労働者との話し合いによって解決をめざすべきです。

　しかし、トラブルが深刻な場合には、労働者との話し合いでは解決できないことが多いといえます。そのような場合には、労政事務所や都道府県労働局のあっせん、労働基準監督署、労働委員会などの調停や、民事調停、訴訟などの手続きが利用されることになります。

　労政事務所は地方自治体の機関ですので、地方によっては名称が異なることもあります。都道府県労働局は厚生労働省に属する国の機関です。労政事務所も労働局も、ハラスメントに関する相談対応の他、解雇・賃金不払い・労働契約・退職金といったトラブルを扱っています。労働委員会も、ハラスメントや賃金・労働時間など労働条件をめぐる労使間の紛争が自主的に解決困難な場合に、中立・公平な第三者として仲介し、紛争解決の援助をする機関です。事業主が特に注意しなければならないのは労働基準監督署からの指導や勧告です。

　また、紛争解決を直接的に目的とする手続きとして、労働局のあっせんを利用することもできます。あっせんは、当事者間での解決が困難な場合に、労使の依頼によって、自主的な解決を図るものであり、

第7章　トラブルになったときの手続きと対策　**237**

労使双方がトラブルについて十分に理解し合い、公正で妥当な解決を図るために行うものです。あっせんの結果、解決の筋道が見えた場合、最終的にあっせん案が提示され、当事者双方がこれを受諾すれば、トラブルが解決されます。

● 主なトラブル解決手段

労働トラブルを解決する主な手段としては以下のものがあります。

・労働基準監督署への相談

労働基準監督官がトラブルの対応にあたります。ただし、労働基準監督官が実際に対応できる案件は、労働基準法の規定に違反している可能性があるものに限られています。それ以外の法律違反に基づくトラブルについては、労働基準監督官は対応できません。したがって、原則としてハラスメント被害に関する案件は対象外です。ただし、実際にはハラスメント被害に関する相談を受け付けている場合もあります。

・労働審判

労働審判は、話し合いがまとまらない場合に、裁判官である労働審判官と労働問題に精通している労働審判員が協議して審判という一定の判断を下すことができる点で、効果的なトラブル解決方法ということができます。ただし、労働審判の対象は、原則として、雇用主と労働者との間の労働関係に関するトラブルが中心になります。そのため、ハラスメントの被害者が、雇用主である会社を相手にするのではなく、ハラスメントの加害者である労働者個人を相手として労働審判手続きを利用することはできないことに注意が必要です。

・労働局のあっせん手続き

労働者と会社間のトラブルが発生するのを未然に防いだり、迅速に解決するために作られた制度です。対象とする紛争は、労働問題全般に及びます。パワハラをめぐる紛争については、個別労働関係紛争解決制度の対象になります。都道府県労働局では、個別労働関係紛争の

未然防止と自主的な解決の促進のため、労働者または事業主に対して情報の提供、相談その他の援助を行い、当事者間での話し合いによる解決に至らなかった場合には、紛争調整委員会によるあっせんを受けるか、他の紛争解決機関による解決をめざすことになります。

　個別労働関係紛争解決制度の対象は、個々の労働者と会社との間に生じるトラブルです。したがって、労働組合と事業主との間で生じた紛争、労働者間での紛争、その問題が労働組合と事業主との間で、すでに解決をめざして話し合いが進められている紛争などについては、個別労働関係紛争解決制度を利用することはできません。

■ **個別労働関係紛争のあっせん制度のしくみ**

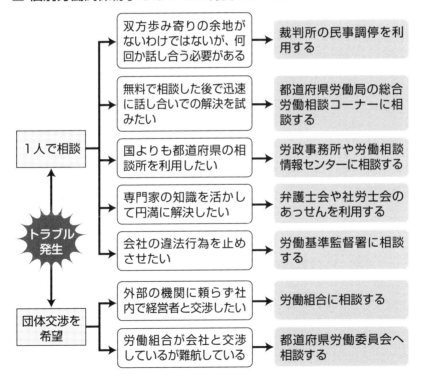

第7章　トラブルになったときの手続きと対策　239

なお、個別労働紛争解決制度は出席を強制する制度ではないので、会社側は出席を拒否することも多いようです。そのため、あくまで話し合いが成立する見込みがあるトラブルに利用されています。

・労働局雇用環境・均等部（室）が行う紛争解決援助制度

　性別を理由とした昇進・昇格についての差別的な取扱い、セクハラ、育児休業等を理由とする不利益取扱い、パート労働者に対する不当な取扱いといったトラブルについては、労働局雇用環境・均等部（室）の紛争解決援助制度による助言・指導、調停を利用することができます（前述の個別労働関係紛争解決制度とは別の制度です）。

　具体的には、都道府県労働局長による紛争解決の援助と機会均等調停会議による調停制度を利用することができます。

　都道府県労働局長の援助とは、都道府県労働局長が、公正・中立な立場から、セクハラをめぐるトラブルの内容など、当事者双方の意見を聴取し、問題解決に必要な具体策の提示（助言・指導・勧告）をすることによりトラブルの解決を図る制度です。

　機会均等調停会議による調停とは、弁護士や大学教授といった調停委員が、当事者である労働者と事業主双方から事情を聴き、紛争解決の方法として調停案を作成し、当事者双方に調停案の受諾を勧めることで、セクハラをめぐる紛争などのトラブル解決を図る制度です。

・民事調停

　民事調停は、民事に関する紛争について、管轄する裁判所の調停委員会が話し合いの仲介をし、当事者双方の歩み寄りによって紛争を解決する手続きであり、労働事件でも活用することができます。

・示談

　当事者間のトラブルについて、話し合い（契約）で決着させることを示談といいます。裁判所などの公の機関を用いるものではないため、話し合いさえまとまればスピーディに解決できる手段といえます。ただし、一度成立した示談を後になって覆すことは困難ですので、軽率

に、自分にとって不利な内容の示談をしないように慎重に話し合いを行う必要があります。

・訴訟

中立・公正な機関である裁判所によって、ハラスメントの事実の有無やその内容を認定してもらい、被害を受けたと主張する労働者の主張が認められるかどうかを判断してもらう手段です。訴訟はかなりの時間と費用がかかるため、最終的な解決手段として利用されることが多い手続きです。

■ 個別労働関係紛争のあっせん制度のしくみ

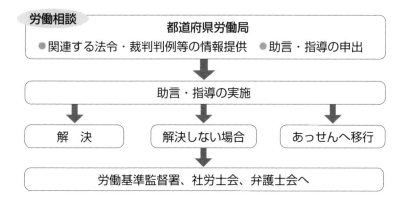

6 労働者の会社に対する要求 手段と会社側の対応

労働審判の申立てや訴訟提起などの手段やそれに対する対応をおさえておく

● セクハラやパワハラによる慰謝料請求

　セクハラやパワハラの被害を主張する労働者は、加害者に対してだけでなく、会社に対しても損害賠償請求としての慰謝料を請求するため、法的手段をとることもあります。被害を受けたと主張する労働者が利用することのできる法的手段として、内容証明郵便による請求、支払督促、民事調停、労働局の個別あっせん、労働審判、少額訴訟、通常の民事訴訟などの制度の利用が考えられます。

　被害を受けたと主張する労働者は、支払督促、民事調停、少額訴訟を利用する場合、通常、会社の事業所を管轄する簡易裁判所（支払督促の場合は裁判所書記官）に申し立てることができます。これに対し、労働審判を利用する場合は、会社の事業所を管轄する地方裁判所に申立てを行います。通常の民事訴訟の場合は、労働者が慰謝料として請求する金額に応じて、簡易裁判所または地方裁判所に訴えを提起することになり、会社の事業所を管轄する裁判所の他、セクハラ・パワハラの行われた場所（不法行為地）を管轄する裁判所にも訴えを提起することが可能です。

● 申立てや反論の際に使用する書式

　セクハラやパワハラをめぐる争いで法的手段を利用する場合、当事者は、以下のような書面を作成することになります。

・内容証明郵便

　被害を受けたと主張する労働者は、会社に対し、ハラスメントによる被害があったことやその具体的な内容、それによりどのような被害

や損害を受けたのかを記載した上で、会社に求める措置・対応を記載して会社に郵送します。たとえば、賠償金を請求する場合には具体的な金額を記載します。ただし、会社が内容証明郵便を受け取っても、何らかの回答をする義務を負うわけではありません。したがって、たとえ受取人が回答を出さなかったとしても、それによって差出人の主張を認めたことになるなどの効果が生じるわけではないのです。しかし、内容証明郵便を受け取った会社側は、何らかの回答をするのが一般的です。内容証明郵便に対する回答は、必ずしも内容証明郵便で行う必要はなく、普通郵便やFAXなどでもかまいませんが、会社側の回答内容を証拠として明確に残しておきたいような場合には、内容証明郵便を利用して回答書などを送付します。

・あっせん申請書

　ハラスメント被害を訴える労働者が、労働局のあっせんの手続きを利用して、会社に対して慰謝料の支払いを求める申請書です。

　被害を受けたと主張する労働者からあっせんの申請が行われた場合、会社側にもその旨の通知が送られますので、会社側は、労働者の申請書の内容を検討して、どのような対応をすべきかを検討する必要があります。なお、あっせんは会社側の担当者に対して参加を強要する制度ではありませんので、会社側は出席しなくても法的に問題はありません。しかし、会社側としても、労働者とのトラブルを解決する機会となるものでもありますので、誠実に対応するのが臨ましいといえるでしょう。

・労働審判手続申立書

　ハラスメント被害を受けた労働者が会社に対し、慰謝料請求を求める労働審判手続申立書です。労働審判を申し立てられた会社側は、答弁書を作成して、労働者の申立ての内容に対する反論や意見を提出する必要があります。答弁書には、申立ての趣旨に対する答弁や、申立ての記載事実に対する認否を記載します。

第7章　トラブルになったときの手続きと対策　**243**

・訴状と答弁書

　ハラスメント被害を訴える労働者が、裁判所の訴訟手続きを利用して、慰謝料の支払いを求める場合に作成・提出します。書式は、ハラスメントの加害者に対して訴えを提起して慰謝料を請求するケースですが、被害者は、加害者に代わって、または加害者とともに、会社を訴えることもあります。会社が被告（訴えられた側）となった場合には、答弁書を作成・提出し、会社側の言い分を主張することになります。

● 退職勧奨や退職強要による慰謝料請求

　退職勧奨とは、会社が、労働者に対して、退職を促すために働きかけることです。この退職勧奨の程度を超えて、労働者に強引に退職を迫ることを退職強要といいます。会社が退職勧奨を行うこと自体は問題ありませんが、行き過ぎた退職勧奨は違法な退職強要となり、民法上の不法行為に該当する可能性があり、その場合、会社は、退職強要を受けたと主張する労働者から損害賠償（慰謝料）を請求されることもあります。

　さらに、労働者を脅して退職を迫った場合には、刑法上の強要罪（223条）に該当し、犯罪となる可能性もあります。

　どこまでが退職勧奨として許され、どこからが違法な退職強要になるかについては、明確な基準はないため、常識的な判断に従うことになります。たとえば、部署への出入りを禁止して事実上軟禁した上で退職勧奨が行われた場合や、労働者が拒否しているにもかかわらず長期間にわたって繰り返し退職するよう働きかけた場合、あるいは数人で取り囲んで威圧的な状況の中で退職を強く迫った場合には、退職強要となる可能性が高いでしょう。

　このように、会社が退職勧奨を行う場合には、くれぐれも退職強要に該当してしまうことのないようにしなければなりません。退職を促す場合には、労働者の自由な意思決定を害さないように、退職を強制しないように注意しましょう。

書式　パワハラ被害者が職場環境の改善と慰謝料を求めるあっせん申請書

調　停　申　請　書

<table>
<tr><td rowspan="6">関係当事者</td><td rowspan="2">労働者</td><td>氏名
（ふりがな）</td><td colspan="2">ひろさわ　じゅんぺい
広沢 順平</td></tr>
<tr><td>住所</td><td colspan="2">〒○○○－○○○○
東京都○○区○○丁目○番○号　電話　03（○○○○）○○○○</td></tr>
<tr><td rowspan="4">事業主</td><td>氏名又は名称
（ふりがな）</td><td colspan="2">株式会社レッド 代表取締役　あかみね　たつや
赤峰 達也</td></tr>
<tr><td>住所</td><td colspan="2">〒○○○－○○○○
東京都□□区□丁目□番□号○○ビル○階　電話　03（○○○○）○○○○</td></tr>
<tr><td>※上記労働者に係る事業場の名称及び所在地</td><td colspan="2">〒
　　　　　　　　　　　　電話　　（　　）</td></tr>
</table>

<table>
<tr><td>調停を求める
事項及びその理由</td><td>平成23年4月5日に入社し、ソフト開発業務に従事している。令和6年1月頃から、連日のように上司Aから口汚く罵られるなどのパワハラ行為を受けるようになった。相手方の人事部に掛け合い、上司Aのパワハラ行為をやめさせるよう求めたが、相手方は何ら対処を行わなかった。その結果、私は令和6年7月頃から体調を崩し、医師の診断を受けたところ、重度のうつ病と診断された。
　私としては、相手方が速やかに適切な対処を実施していれば、病気になることはなく、相手方の責任は大きいと考える。通院費および治療費ならびに慰謝料として金120万円の支払いを請求したい。また、パワハラを防止し良好な就業環境を整備することを請求したい。</td></tr>
<tr><td>紛争の経過</td><td>令和6年1月頃より、上司Aからパワハラ行為を受けていたが、職を失いたくないという気持ちがあり耐えてきた。しかし、Aのパワハラ行為は日に日にエスカレートしていった。そこで、令和3年7月9日に相手方の人事部に相談したが、話を聞き流すだけで、具体的な対策を検討してくれなかった。
　その後、私は体調を崩し、令和6年8月1日に精神科医の診察を受けると、重度のうつ病と診断された。私は、その医師のアドバイスにより調停を申請することにした。</td></tr>
<tr><td>その他参考
となる事項</td><td>主治医である精神科医より弁護士も紹介してもらっている。現在のところ、具体的な相談はしていないが、調停が合意に至らない場合には、弁護士と相談し、さまざまな法的手段も検討している。</td></tr>
</table>

令和6年 9月 3日

　　　　　申請人　　　氏名又は名称　　　広沢 順平　㊞

東京 労働局長　　殿

第7章　トラブルになったときの手続きと対策　　245

書式　パワハラ被害者が職場環境改善と慰謝料を求める労働審判申立書

労働審判手続申立書

令和6年10月1日

東京地方裁判所　民事部　御中

〒○○○－○○○○　東京都○○区○○丁目○番○号
　　　　　　　　申　立　人　　広　沢　順　平　　㊞
　　　　　　　　電話　０３－○○○○－○○○○
　　　　　　　　ＦＡＸ　０３－○○○○－○○○○

〒○○○－○○○○　東京都□□区□丁目□番□号○○ビル○階
　　　　　　　　相　手　方　　　　株式会社レッド
　　　　　　　　同代表者代表取締役　　赤　峰　達　也
　　　　　　　　電話　０３－○○○○－○○○○
　　　　　　　　ＦＡＸ　０３－○○○○－○○○○

職場環境改善等請求労働審判事件
労働審判を求める事項の価額　　金160万円
ちょう用印紙額　　　　　　　　6500円

> 慰謝料請求は150万円であるが、非財産請求である職場改善等請求が160万円とみなされるため、両者を比較して多い方の160万円を記載する。

第1　申立ての趣旨
　1　相手方は、その従業員らをして、申立人に対し、申立人が精神的又は身体的苦痛を受ける言動をさせない措置を講ぜよ。
　2　相手方は、申立人に対し、金150万円及びこれに対する令和6年8月2日から支払い済みまで年3％の割合による金員を支払え。
　3　申立費用は相手方の負担とする。
　との労働審判を求める。

第2　申立ての理由
　1　雇用契約の成立
　（1）相手方は、コンピューターソフトの開発、販売等を業とする株式会社である。

246

(2) 申立人は、平成23年4月5日、相手方に入社し、ソフト開発業務に従事した。

【甲1（雇用契約書）】

2 パワーハラスメント行為

(1) 令和6年1月頃から、申立人は申立人の上司であるAから、毎日のように、申立人の業務とは関係ないのに、会社の床掃除や窓掃除を命じられるようになった。また、少しでも汚れが残っていると、Aから口汚く罵られるようになった。

【甲2（録音データを収録したCDROM）】

(2) そのため、申立人は、令和6年7月9日、人事部に掛け合い、Aにいじめをやめさせる旨を求めたが、人事部の担当者は、「Aの行為は会社とは関係ない」と言うだけで、何ら対処を行わなかった。申立人は、その後も何度か人事部に掛け合ったが、人事部の担当者はまったく取り合おうとしなかった。

申立人は、上記の経緯から令和6年7月頃から体調を崩したため、令和6年8月1日、○○大学病院の精神科医の診察を受けたところ、重度のうつ病と診断され、以後通院を継続している。

(3) 相手方は、被用者が労務に服する過程で生命または健康を害しないようにする、という職場環境配慮義務を負っている。

今回、相手方はこの義務を怠ったといえる。そのため、使用者である相手方には不法行為が成立するものと考える。

(4) 以上から、申立人は、相手方に対して、(2)記載の申立人の通院費および治療費ならびに申立人が受けた精神的損害に対する賠償を求めるとともに、相手方に対して、パワーハラスメントを防止し良好な就業環境を整備することを求めるものである。

【甲3（通院明細書）】

3 損害賠償請求権

2(1)記載のAの行為は申立人の人格的尊厳を不当に損害するものであるから、Aは申立人に対して不法行為責任を負う。そして、Aの行為は職務遂行中に職務に関連して行われたものであるから、使用者である相手方には使用者責任が成立し、申立人に対して損害賠償責任を負う。申立人に生じた損害は以下のとおりである。

⑴　慰謝料　100万円
⑵　治療費および通院費　20万円
⑶　弁護士費用　30万円
　　合計150万円

第3　予想される争点及び争点に関連する重要な事実
　1　本件の争点は、Aによる申立人へのパワーハラスメントを、相手方が改善しなければならないか否かである。
　2　職場環境配慮義務
　　　会社には、被用者が労務に服する過程で生命および健康を害しないようにする、という職場環境配慮義務がある。そして、相手方の人事部はその義務を怠ったことは明白である。

【甲4（申立人の陳述書）】

第4　申立てに至る経緯の概要
　　申立人は、Aに対して、本来の業務とは関係ない掃除を命じることや口汚く罵ることをやめてほしいと頼んだが、Aからは、かえって能力がないなどと誹謗を受けた。そのため、人事部に掛け合ったが、人事部は全く取り合おうとしなかった。
　　申立人は、以上のような状況につき、主治医である精神科医からアドバイスを受け、相手方に対して本労働審判の申立てを行うに至った。

証拠方法
甲1号証　（雇用契約書）
甲2号証　（録音データを収録したCDROM）
甲3号証　（通院明細書）
甲4号証　（申立人の陳述書）

附属書類
1　申立書写し　　　　　　　　　　　　4通
2　甲1から4号証までの写し　　　　各2通
3　証拠説明書　　　　　　　　　　　　2通
4　資格証明書　　　　　　　　　　　　1通

申立人　広沢　順平
相手方　株式会社レッド

令和6年10月1日

証拠説明書

東京地方裁判所
労働審判委員会　御中

申立人　広沢　順平　㊞

号証	標目 （原本・写しの別）		作成 年月日	作成者	立証趣旨	備考
甲1	雇用契約書	原本	H23.4.5	相手方 及び 申立人	申立人と相手方との間に平成23年4月5日に雇用契約が交わされたこと	
甲2	録音データを収録したCDROM	写し	（録音日） R6.1.11 R6.3.15 R6.5.9 R6.6.18	（録音者） 申立人	上司Aのいじめを示す証拠	
甲3	通院明細書	原本	R6.8～ R6.9～	○○病院	申立人がうつ病の治療代として20万円かかったこと	
甲4	申立人の陳述書	原本	R6.9.30	申立人	本件申立ての経緯など	

書式 職場環境改善と慰謝料を求める申立てに対する会社側の答弁書

（職場環境改善等 答弁書）

令和6年（労）第○○○○号 職場環境改善等請求労働審判事件 **直送済**

申立人 広沢順平

相手方 株式会社レッド

答 弁 書

令和6年10月21日

東京地方裁判所民事第○部労働審判委員会 御中

〒○○○－○○○○ 東京都○○区□□○丁目○番○号
関口法律事務所
相手方代理人弁護士 関 口 修 司 ㊞
電話 ０３－○○○○－○○○○
ＦＡＸ ０３－○○○○－○○○○

第1 申立ての趣旨に対する答弁

1 本件申立てにかかる請求をいずれも棄却する。

2 申立費用は申立人の負担とする。

との労働審判を求める。

第2 申立書に記載された事実に対する認否

1 申立ての理由に対する認否

(1) 申立ての理由の「1 雇用契約の成立」は認める。

(2) 「2 パワーハラスメント行為」に記載された事実関係のうち、申立人が令和6年7月に人事部に申し出を行った事実は認め、申立人の通院については不知、その余は否認ないし争う。相手方の人事部が申立人に対し「Aの行為は会社とは関係ない」と返答したという事実はない。

(3) 「3 損害賠償請求権」は否認ないし争う。

2 争点に関連する重要な事実に対する認否

(1) 争点に関連する重要な事実の「1」については否認ないし争う。

(2) 同「2」第1文は、記載の義務が一般的に会社に存している趣旨で認め、第2文については否認ないし争う。

第3　答弁を理由づける具体的な事実

1　ハラスメント行為への対策

　　相手方は、労働者が快適に働くことのできる就業環境を形成するため、毎年4月に「ハラスメントに関する社員研修」を実施しており、社内全体でハラスメント行為に対する意識を高めていくよう、精力的に取り組んでいる。また、社内にハラスメント行為に関する相談や苦情などを取り扱う相談窓口を設置しており、労働者がいつでも相談できる環境を整えている。

2　掃除の分担

　　相手方は、職場内の掃除について明確な役割分担を定めているわけではなく、慣例として、就業時間中に急ぎの仕事がない社員が自主的に掃除を行っている。社員の多くが交替で時間を作って各自が自主的にゴミ出し、トイレ掃除、机拭きなどを行っている。掃除を行った者は、掃除分担表に記名をすることになっている。申立人は、急ぎの仕事がなく余裕があっても日常的に掃除を行っていなかった。そこで、一部の社員から申立人がまったく掃除を行わないというのは平等性に欠けるのではないかという声が上がっており、令和5年12月15日から同月18日にかけて、相手方の複数の社員から、総務部宛てに、申立人にも掃除をするように指示してほしい旨の社内メールが送られていた。

【乙1（総務部宛ての社内メール）】

3　Aの申立人に対する行為

(1) 前記2の総務部宛て社内メールを受け、令和6年1月12日、総務部担当者が、申立人の上司であるAに対し、申立人にも社内の掃除に協力するよう指示するように伝えた。これを受けて、Aは、同日、申立人に対し、申立人に対し床掃除や窓掃除をするように依頼した。ただし、Aは申立人に対し、掃除の強制はしていない。

(2) Aの依頼を受け、申立人は掃除を行うようになったが、好意的

に取り組む様子はなく、明らかに嫌々行っているという態度を取っていた。そのため、Aは申立人に対し、少し態度を改めるようにと注意した。しかし、申立人は「本来の仕事とは関係がないのに、なぜ掃除をしなければならないのか」と口答えし、態度を改めることはなかった。

(3) こうした申立人の態度は目に余るものであり、Aは申立人を度々注意した。その際にAは感情的に声を荒げてしまうことがあったが、その回数は数か月に1〜2回程度であり、日常的に怒鳴りたてていたわけではない。

【乙2（Aの陳述書）】

(4) これらのAの行為は、申立人に一定のストレスを生じさせるものであったことは否めないが、各種事情を総合的に考慮すると、社会通念上許容される範囲を超えた行為ということはできない。相手方は日頃から社内におけるパワーハラスメントなどの各種ハラスメントへの対策を十分に行っており、本件の申立人の求めに対しても適切に対応している。

したがって、相手方はさらに就業環境を整備する等の特別な対策をとる必要はない。

4　申立人の体調不良

(1) 申立人の同僚Cは、令和5年10月頃、申立人より「家庭内の問題で悩んでいる」との相談を受けた。Cは申立人から「最近、よく眠れていない」「頭が痛い」という話を聞き、申立人が市販の薬を服用する場面にも遭遇している。

【乙3（Cの陳述書）】

(2) したがって、申立人の体調不良は、Aが申立人に掃除を依頼する前から発症しており、Aの行為が原因となったものではないから、Aの行為と申立人が体調を崩したことには因果関係が認められず、相手方に不法行為責任は生じない。よって、相手方は申立人に対して何らの損害賠償責任を負っていない。

第4　予想される争点及び争点に関連する重要な事実

1　本件の争点は「Aの申立人に対する行為をパワーハラスメント行為と断定できるか否か」である。

2　前記第3記載のとおり、職場の掃除は申立人だけに行わせているものではなく、強制もしていない。また、Aが申立人に対して感情的に怒鳴りたてた事実はあるものの、その回数は限られており、日常的に継続して行われていたものではない。

3　以上から、Aが行為に及んだ背景やその様態等の事情を総合的に考慮すると、Aの申立人に対する行為は、部下を管理・監督する行為として社会通念上許容される限度を超えたものとはいえない。よって、Aの行為はパワーハラスメント行為とは認められない。

第5　申立てに至る経緯の概要

令和6年7月9日、申立人から相手方の人事部に対し「上司Aからパワーハラスメント行為を受けている」との訴えがあった。人事部は、申立人に対し、「ハラスメント相談窓口の方で対応する」と伝え、相談窓口担当者にその旨を報告した。

その後、相談窓口の担当者は、事実確認のために周囲の労働者およびAに対して聴き取り調査を行った。その上で、パワーハラスメント行為はなかったと判断し、その旨を申立人に報告している。

附　属　書　類

1	答弁書写し	3通
2	乙1号証から3号証までの写し	各1通
3	証拠説明書	1通
4	委任状	1通

書式　セクハラの訴えに反論する回答書

回答書

　貴殿は、令和〇年〇月〇日、当社社員が貴殿にセクシュアル・ハラスメントを行っているとして、当社に対し、当該社員への適切な指導・管理を行い、併せて状況改善の措置を講じるよう請求されました。当該社員に聴き取りをしたところ、貴殿にセクシュアル・ハラスメントを行った事実はなく、また、そもそも貴殿とは部署や勤務フロアーが異なっており、貴殿とはほとんど会ったことがないと主張しております。

　当社としましては、一度、第三者の同席の下、貴殿とお話をさせて頂く機会を設けたいと考えております。その中で、当該社員に非があったことが判明すれば、お詫びを申し上げるとともに、必要な状況改善の措置を徹底したいと考えております。ご検討をお願い致します。

　令和〇年〇月〇日

　　　東京都〇〇区〇〇町〇丁目〇番〇号
　　　　株式会社〇〇
　　　　代表取締役　〇〇〇〇　㊞
　東京都〇〇市〇〇町〇丁目〇番〇号
　〇〇〇〇　殿

書式　パワハラの訴えに反論する回答書

回答書

　貴殿は、令和〇年〇月〇日に、貴殿の上司にあたる当社社員のパワーハラスメントについて、当社が速やかな対策を怠った結果、貴殿がうつ病を発症したとして、当該社員に対する使用者責任に基づき、治療費及び慰謝料として金〇〇万円を請求されました。しかし当該社員は、貴殿にパワーハラスメントに該当するような行為を行った事実はないと主張しております。また、貴殿は、当該社員が1週間以上も徹夜での作業を命令したと主張していますが、当該社員は、そのような命令をした事実はないとも申しております。

　しかし、パワーハラスメントについて、当社の認識が不十分であることも考えられます。第三者をはさんでお話をさせて頂き、その中で、当社に非があったことが判明すれば、お詫びをしたいと思っています。ご検討をお願い致します。

　　令和〇年〇月〇日
　　　東京都〇〇区〇〇町〇丁目〇番〇号
　　　　株式会社〇〇
　　　　代表取締役　〇〇〇〇　㊞
　東京都〇〇区〇〇〇丁目〇番〇号
　〇〇〇〇　殿

【監修者紹介】
林　智之（はやし　ともゆき）
1963年生まれ。東京都出身。社会保険労務士（東京都社会保険労務士会）。早稲田大学社会科学部卒業後、民間企業勤務を経て2009年社会保険労務士として独立開業。開業当初はリーマンショックで経営不振に陥った中小企業を支えるため、助成金の提案を中心に行う。その後、中小企業の業績向上のためには、従業員の能力を最大限発揮させることが重要と考え、従業員が働きやすい社内規程を提供している。また、労働者が安心安全に働くことができる職場づくりのための「パワハラ予防社内研修」の実施や、中小零細企業に特化したモチベーションの向上を図れる「人事評価、処遇制度」の構築を提案している。さらにハイレベルな講師よりコーチングを学び、労働者が抱える様々な問題解決の手助けをしている。
主な監修書に、『障害者総合支援法と障害年金の法律知識』『建設業の法務と労務 実践マニュアル』『給与計算・賞与・退職手続きの法律と税金実務マニュアル』『最新 会社の事務と手続きがわかる事典』『最新 社会保険のしくみと届出書類の書き方』など（いずれも小社刊）がある。

櫻坂上社労士事務所（旧さくら坂社労士パートナーズ）
https://www.sakurazakasp.com/

事業者必携
改訂新版　入門図解
**職場のハラスメント【セクハラ・パワハラ・マタハラ】
の法律と対策**

2024年10月20日　第1刷発行

監修者	林智之
発行者	前田俊秀
発行所	株式会社三修社
	〒150-0001　東京都渋谷区神宮前2-2-22
	TEL　03-3405-4511　FAX　03-3405-4522
	振替　00190-9-72758
	https://www.sanshusha.co.jp
印刷所	萩原印刷株式会社
製本所	牧製本印刷株式会社

©2024 T. Hayashi Printed in Japan
ISBN978-4-384-04949-7 C2032

JCOPY 〈出版者著作権管理機構　委託出版物〉
本書の無断複製は著作権法上での例外を除き禁じられています。複製される場合は、そのつど事前に、出版者著作権管理機構（電話 03-5244-5088　FAX 03-5244-5089
e-mail: info@jcopy.or.jp）の許諾を得てください。